Nature View

Nature View

Die schönsten Feriendomizile mit atemberaubendem Ausblick

CHRISTIAN

Inhalt

$	untere Preisklasse
$$	mittlere Preisklasse
$$$	gehobene Preisklasse

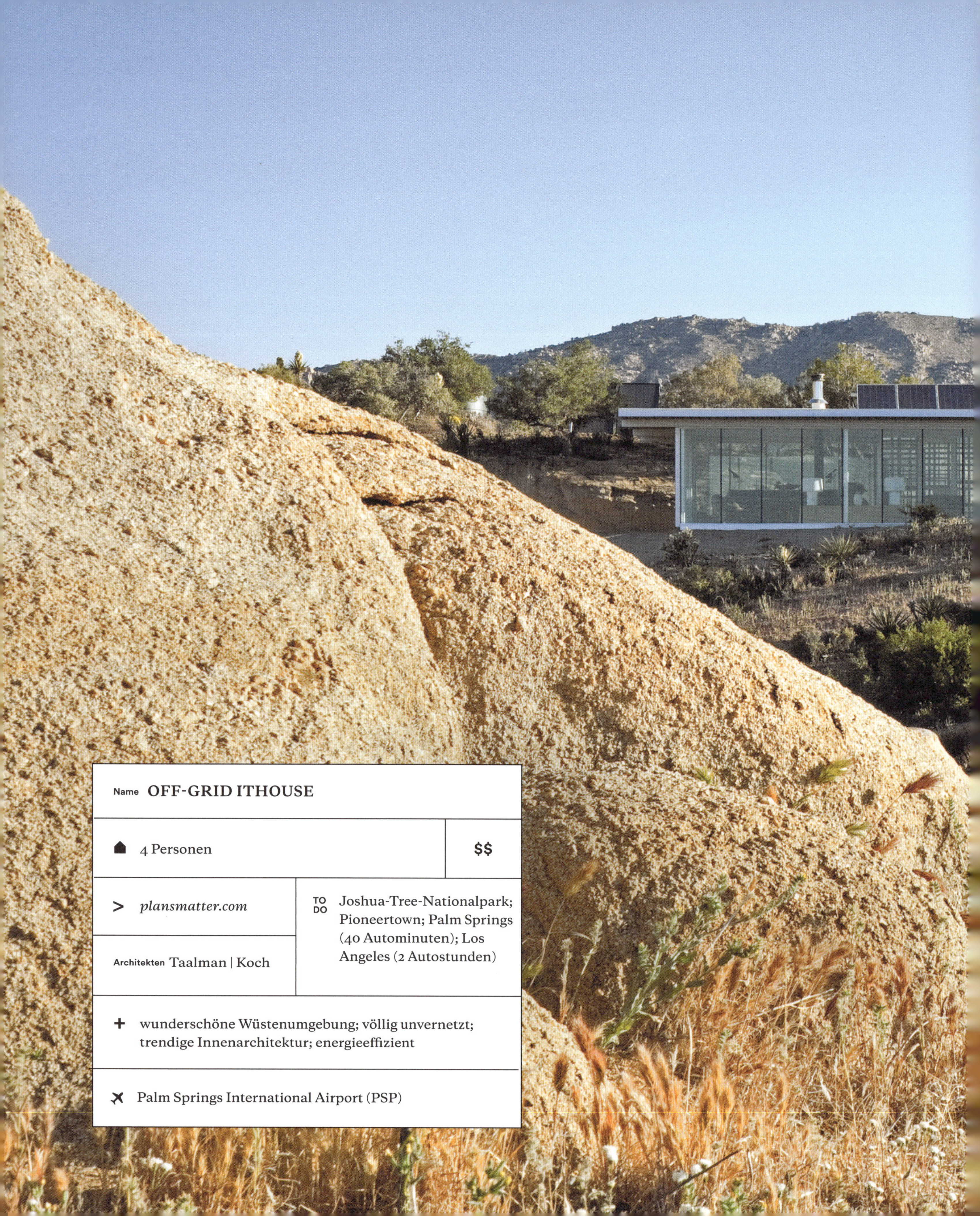

Name **OFF-GRID ITHOUSE**

4 Personen | $$

> *plansmatter.com*

Architekten Taalman | Koch

TO DO Joshua-Tree-Nationalpark; Pioneertown; Palm Springs (40 Autominuten); Los Angeles (2 Autostunden)

+ wunderschöne Wüstenumgebung; völlig unvernetzt; trendige Innenarchitektur; energieeffizient

Palm Springs International Airport (PSP)

Pioneertown, Kalifornien, USA

Raffiniert, flexibel und autark

Im Herzen der kalifornischen Wüste, unweit vom Eingang zum Joshua-Tree-Nationalpark, steht abgelegen eine hippe Glas-Stahl-Konstruktion. Das Off-grid itHouse ist eine Kreation des Architektenduos Linda Taalman und Alan Koch, die ein vorgefertigtes, individualisierbares Konstruktionskonzept entwickelt haben.

Es wirkt wie eine seltsame Idee, ein Ferienhaus mitten in der Wüste zwischen Kakteen und Joshua-Bäumen zu errichten - vor allem, wenn die Konstruktion auf Glas und Stahl setzt. Aber dies hinderte Linda und Alan nicht daran, ihr itHouse in der Nähe von Pioneertown zu bauen, einer Siedlung, die einst als Kulisse für Westernfilme errichtet wurde, sich aber zu einem richtigen Dorf (mit Motel und zahlreichen Airbnb-Unterkünften) entwickelt hat. Das Off-grid itHouse ist eine architektonische Perle und wurde vom *Dwell*-Magazin als eines der »Best Homes in America« und von der *Los Angeles Times* als eines der besten Häuser aller Zeiten im südlichen Kalifornien gefeiert. Das Haus in Pioneertown ist eines von zehn kalifornischen »itHouses« - ein »individuell gestaltbares Haus aus hochwertigen, nachhaltigen Materialien, das mit Präzision in Werkstätten hergestellt und vor Ort in kürzester Zeit montiert wird«, berichten die Architekten. Das Gebäude fungiert als eine hoch entwickelte Konstruktion zur Verbesserung der visuellen und physischen Einbindung der Architektur in die natürliche Umgebung. Die Gegenüberstellung von luftigen Glasfronten und massiven Paneel- und Trennwänden bildet einen optisch dynamischen und flexiblen Rahmen, der die alltägliche Erfahrung durch die umliegende Landschaft bereichert und mehrschichtige Privatsphäre im gesamten Raum ermöglicht. Das itHouse kann vollständig unabhängig vom Netz funktionieren, indem es seine eigene Wärme und Energie erzeugt und damit das Ziel unterstützt, einen minimalen Gebäude-Footprint zu hinterlassen. Die Energieeffizienz wird im itHouse durch passives Heizen und Kühlen, die Nutzung von Standortorientierung und Durchlüftung, Fußbodenheizung, hochwirksame Geräte und Ausrüstungen sowie den Einsatz von Photovoltaik- und Thermopaneelen erzielt. Angesichts der Leichtigkeit und Einfachheit des itHouse kann es selbst an abgelegenen und problematischen Standorten errichtet werden. Der Montageprozess hinterlässt fast keinerlei Spuren in der Landschaft und erlaubt es, die natürlichen Merkmale des Standortes zu erhalten.

Dieses itHouse wurde effizient an einem abgelegenen Ort errichtet, der sich wenig als Baugelände eignet, und das Ergebnis ist fantastisch. Der Bungalow verfügt über zwei Schlafzimmer, ein Badezimmer, eine voll ausgestattete Küche und einen Essbereich, allesamt mit unglaublichem Blick auf die Wüstenlandschaft. Es ist ein Ort der Ruhe und Gelassenheit, ein entspannter Rückzugsort, der WLAN oder Fernseher durch hippe Möbel und minimalistische Architektur ersetzt, mit subtilem Bezug auf den Desert Modernism, für den Palm Springs bekannt ist. »Das Design ist eine Sammlung von Standard-Fertigungssystemen, die wir kombiniert haben - wie etwa die Bosch-Rahmen, die normalerweise in der Robotik verwendet werden, und das Dachkonstruktionssystem, das bei Flughäfen und Einkaufszentren zum Einsatz kommt.«

Vom *Dwell*-Magazin als eines der »Best Homes in America« gefeiert und von der *Los Angeles Times* als eines der besten Häuser aller Zeiten im südlichen Kalifornien.

Cape Cod, Massachusetts, USA

Der Abrissbirne entronnen

Name **KUGEL/GIPS HOUSE**

6 Personen | $$

+ Blick aufs Meer und die Natur; außergewöhnliche und experimentelle Architektur; historisch bedeutsames Gebäude

> *ccmht.org*

Architekt Charlie Zehnder

TO DO Cape Cod; die Städte Wellfleet und Provincetown; Martha's Vineyard; Boston

Boston Logan International Airport (BOS)

Seit einem Jahrzehnt genießen Fans moderner Architektur im amerikanischen Cape Cod ihren Aufenthalt im beeindruckenden Kugel/Gips House. Das bemerkenswerte Ferienhaus, entworfen von dem Architekten Charlie Zehnder, wurde 2012 renoviert und ist ein hervorragendes Beispiel des Cape Cod Modernism.

Zwischen 1930 und 1970 wurden mehr als 100 Häuser rund um die Städte Wellfleet und Truro auf der berühmten amerikanischen Halbinsel Cape Cod errichtet. Viele von ihnen wurden von Architekten gebaut, die aus Europa geflohen waren und an berühmten Universitäten der amerikanischen Ostküste wie etwa Yale und Harvard tätig waren. Für Fans moderner Architektur ist diese Region, bekannt als das Outer Cape, ein wahres Mekka. Einige der Bauwerke befinden sich heute im Besitz des National Park Service und sind durch den 2007 gegründeten Cape Cod Modern House Trust (CCMHT) geschützt, der sie in einigen Fällen restauriert hat. Eines dieser Häuser ist das Kugel/Gips House des Architekten Charlie Zehnder, dessen Entwurf von Frank Lloyd Wrights Fallingwater inspiriert wurde. »Das Haus ›schwebt‹ über einem abgelegenen Nordost-Teich (mit Blick auf den Ozean), ohne dass andere Gebäude in Sichtweite wären. Massives Mauerwerk verankert die breiten Ablegerböden und kragt in die Landschaft hinaus. Zehnders Interesse an Frank Lloyd Wright und sein tiefes Verständnis für das Terrain und das Klima des Outer Cape sind deutlich zu erkennen, wobei sich der Grundriss an einem massiven offenen Kamin orientiert und sich ausdehnt, um die Aussicht und die vorherrschende Brise zu nutzen. Es gibt drei Schlafzimmer, zwei Badezimmer, und der Strand liegt nur fünf Gehminuten entfernt. Möbel und Kunst im Haus wurden gesammelt und gespendet, um die Architektur zu kontextualisieren«, wie der CCMHT erläutert. Das 1970 von Zehnder entworfene Kugel/Gips House stand elf Jahre lang in fortgeschritten verfallenem Zustand leer, bis der CCMHT 2009 einen Pachtvertrag erhielt und mit der Sanierung begann. Seitdem hat das Gebäude bereits über 16-mal als Refugium für Künstler- und Wissenschaftsstipendiaten gedient. »Zehnder besuchte die University of Virginia, wo er einen Abend lang mit einer Gruppe anderer Studenten mit Frank Lloyd Wright diskutieren konnte - ein Erlebnis, das ihn ein Leben lang beeinflussen sollte. Zehnder erhielt einen Abschluss in Industriedesign an der Rhode Island School of Design und kam, unmittelbar nachdem er 1957 das Marine Corps verlassen hatte, ans Kap, um seinem Freund Ray Brock beim Bau eines Hauses in Truro zu helfen. Als sich Zehnder in Wellfleet niederließ, erwarb er ein Stück Land an der Bucht und gründete ein Architekturbüro, das schließlich über 50 sehr originelle Häuser am Outer Cape errichtete. Zehnder war auch einer der Hauptakteure beim Bau des lokalen Autokinos auf einem ehemaligen Spargelfeld.«

Cape Cod ist ein beliebtes Sommerziel für Touristen aus den Nachbarstaaten Boston und New York. Die Halbinsel verfügt über fantastische Strände, Dünen, zahlreiche Seen, lange Rad- und Wanderwege, Leuchttürme und Naturparks und ist übersät mit malerischen Dörfern, ausgezeichneten Restaurants und Fischgründen, Kunstgalerien und hübschen Geschäften.

Dieses bemerkenswerte Ferienhaus ist ein großartiges Beispiel für den Cape Cod Modernism.

Puerto Escondido, Oaxaca, Mexiko

Zuflucht in Mexiko

Name CASA TINY		
2 Personen	> *airbnb.com*	$$
TO DO Puerto Escondido; Laguna de Manialtepec; der Surfstrand von Zicatela	+ kleines Haus; minimalistische Architektur und Inneneinrichtung; privater Pool; abgelegene Lage	
Architekt Aranza de Ariño		
Puerto Escondido International Airport (PXM)		

Inspiriert von Henry David Thoreaus Roman »Walden« ist die Casa Tiny ein Ort des Rückzugs - der perfekte Platz, um für ein paar Tage, eine Woche oder einen Monat in minimalistischer, von einem Luxusdesigner gestalteter Architektur das einfache Leben zu genießen.

Walden erzählt die Geschichte von Thoreaus zweijährigem Experiment, in einer Blockhütte in der Nähe von Walden Pond fernab der industrialisierten Massengesellschaft zu leben. Im Falle der Casa Tiny wurde der See durch den Pazifischen Ozean ersetzt und die Hütte durch ein winziges Haus aus glattem Beton, aber man bekommt ein gutes Bild von der Sache.

Die Casa Tiny ist eines der ersten Projekte des jungen lokalen Architekten Aranza de Ariño, der dieses Beton-Strandhaus mit Küche, Schlafboden und privatem Pool errichtete, nur einen Steinwurf vom Strand entfernt. Dach, Böden, Treppen und Möbel wurden aus glattem Beton gefertigt und verleihen dem Bauwerk eine robuste Anmutung. Das andere Hauptbaumaterial ist Parota-Holz, ein dunkles, honigfarbenes Holz, das für Türen, Fenster, Schränke und Regale verwendet wurde. Zwei Terrassen erstrecken sich vom Haus aus, eine mit Swimmingpool und die andere als Erweiterung der Küche. Ein Betonesstisch verläuft vom Kochbereich bis zur Terrasse und ermutigt die Bewohner dazu, die Fenster zu öffnen und die Natur zu genießen.

»Dieses schöne, winzige Haus ist die perfekte Zuflucht«, sagt Claudio, der Besitzer. »Genießen Sie den privaten Strand, den privaten Pool und die Vegetation. Die Casa Tiny ist perfekt für ein Paar oder einfach nur, um allein in der Hängematte die Seele baumeln zu lassen. Sie ist ideal für Personen, die einen abgelegenen Ort suchen, um dem Stadtleben zu entfliehen. Das Haus befindet sich in der Nähe des Künstlerresorts Casa Wabi, das von Tadao Ando, einem mit dem Pritzker-Preis ausgezeichneten Stararchitekten, entworfen wurde und das zugänglich für Gäste ist.

Die Casa Tiny bietet ein »Back to nature«-Erlebnis in Kombination mit modernen Annehmlichkeiten. Sie ist Teil des Hotels Escondido, einem ausgezeichneten Vier-Sterne-Hotel am Escondido Beach, mit einer beeindruckenden Bewertung von 9,5 bei *Booking.com*. Dieser fast unberührte Strand liegt im ruhigen und friedlichen Schatten von Puerto Escondido, Mexikos lebendigem und quirligem Surf-Mekka, das jährlich zahlreiche internationale Top-Surfer anzieht. Normalerweise fahren die Surfer nach Playa Zicatela, dem Ort der sogenannten Mexican Pipeline, mit perfekten Surfbedingungen (wenn auch einem starken Sog). Puerto Escondido gilt als eines der zehn besten Surfziele der Welt und ist eine actiongeladene Partylocation. Der Escondido Beach hingegen, auf dem sich die Casa Tiny und das Hotel Escondido befinden, ist von völliger Stille umgeben und zieht daher Ruhesuchende an.

Die Casa Tiny ist der perfekte Ort, um das einfache Leben zu genießen.

The Catskills, New York, USA

Mix aus Alt und Neu

Name	**FLOATING FARMHOUSE**	
10–15 Personen		$$
> *floatingfarmhouse.com*	TO DO: die Catskill Mountains, New York City (2 Autostunden); Narrowsburg (30 Autominuten); Skinner Falls	
+ Mischung aus moderner Architektur und nostalgischem Charme; Villa am Wasser; fantastische Naturaussichten	Architekt: Tom Givone	
Newark Liberty International Airport (EWR)		

Am Rande eines unberührten Baches in den Catskill Mountains, weniger als zwei Autostunden von New York City entfernt, begrüßt das Floating Farmhouse seine Gäste in einer einzigartigen Mischung aus Alt und Neu. Das bezaubernde Ferienhaus ist das Werk des Designers Tom Givone. Es dauerte vier Jahre, bis er dieses Haus aus den 1820er-Jahren in ein modernes Heim des 21. Jahrhunderts verwandelt hatte.

Eine Mixtur aus moderner Architektur und nostalgischem Charme machen das Floating Farmhouse zu einem inspirierenden Urlaubsdomizil.

Die Renovierung und Umgestaltung, die diese Ruine erfahren hat, ist bemerkenswert und das Ergebnis kann sich definitiv sehen lassen. »Das Floating Farmhouse zeichnet sich durch eine Mischung aus moderner Architektur und nostalgischem Charme aus - ein Herrenhaus aus dem 19. Jahrhundert in den Catskills, ein inspirierendes Urlaubsziel«, liest man auf der Website des Ferienhauses. »Neben einem idyllischen Bach und einem alten, handgemauerten Staudamm gelegen, sind die großen Räume, die effektvollen Details und die Weitläufigkeit des Hauses ebenso bezaubernd wie die Landschaft, die es umgibt.«

Vier Jahre lang hat Tom Givone an der Renovierung des alten Hauses gearbeitet. Der Charakter des Bauwerks blieb erhalten, aber mit industriellen Materialien wie Stahl, Glas und Beton wurden charmante moderne Akzente gesetzt. »Eine kathedralenartige Küche mit polierten Betonböden, einem holzbefeuerten Pizzaofen und einer zweigeschossigen Wand aus Wolkenkratzerglas gibt den Blick auf Bach, Pavillon, Apfelbäume und Scheune frei. Durch Glastüren gelangt man auf eine große überdachte Veranda, die über dem Wasser schwebt, und die kaskadierenden Rhythmen des Wasserfalls füllen sowohl Wohnzimmer als auch Mastersuite. Nostalgische Betten aus Gusseisen und gewellte Glasfenster schmücken die Schlafräume und überall stehen urige Bauernmöbel.

Das Floating Farmhouse verfügt über fünf Schlafzimmer und zwei Badezimmer, sodass es problemlos mindestens zehn Gäste beherbergen kann. Die Urlauber genießen hier nicht nur eine einzigartige Unterkunft mit einem ebenso einzigartigen Interieurdesign, sondern auch die wundervolle Natur der Catskills. »Nur zwei Stunden von New York City entfernt machen die atemberaubenden Räume und Storybook-Settings das Floating Farmhouse zu einem der besten Catskillunterkünfte für Familie und Freunde. Es gibt jede Menge Platz für gemeinsame Erfahrungen; Pizza im Holzofen backen, zu alten Schallplatten im Großen Saal tanzen, den Blick aufs Wasser von Veranda und Pavillon aus genießen, Äpfel ernten auf der Streuobstwiese, den dichten Wald hinter der Scheune erkunden ... einfache Freuden, die zur richtigen Zeit und in der richtigen Gesellschaft unbezahlbar sind. Restaurants, Bauernmärkte, River Rafting und Weltklasse-Konzerte liegen nur eine Meile entfernt, aber vermutlich wird man das entzückende Bauernhaus nicht groß verlassen wollen.« Es können auch einzigartige Dienstleistungen, wie etwa persönliche Koch- oder Yogakurse, im Floating Farmhouse veranstaltet werden.

ANDO

Noto, Sizilien, Italien

Der hölzerne Kubus

Name **LA MELAGRANA**

6 Personen — $

> *la-melagrana.it*

+ sizilianische Landschaft; herrliche zeitgenössische Architektur; trendige Innenarchitektur; viel Privatsphäre

TO DO: Val di Noto; Vendicari-Naturreservat; Modica; Syrakus

✈ Catania-Fontanarossa Airport (CTA)

Architektin: Maria Giuseppina Grasso Cannizzo

Ein schönes Beispiel für zeitgenössische Architektur inmitten der sizilianischen Landschaft - das ist La Melagrana. Aus der Ferne ähnelt das einzigartige Ferienhaus einem Holzkubus, aber sobald sich die Wände öffnen, enthüllt La Melagrana seine wahre Natur.

Nur wenige Kilometer von der sizilianischen Barockstadt Noto entfernt baute die Architektin Maria Giuseppina Grasso Cannizzo ein bemerkenswertes Ferienhaus. La Melagrana liegt inmitten eines riesigen Olivenhains und ist umgeben von Stille - keine renovierte Scheune, sondern ein preisgekröntes Beispiel für zeitgenössische Architektur. »Das Haus, das durch große Fenster gekennzeichnet ist, bietet den Gästen einen weiten Blick auf die Landschaft und das Naturschutzgebiet von Vendicari, während der Blick weitläufig über Oliven- und Mandelhaine sowie Zitrusplantagen bis hin zum Meer schweift. Das detailreiche Interieur zeichnet sich durch eine Vintage-Design-Möblierung neben zeitgenössischen und maßgeschneiderten Objekten aus«, erklären die Besitzer.

Das Haus besteht aus einem stationären Teil (dem Haus der Eigentümer) und einem mobilen Teil (für Gäste), der entlang von Schienen verläuft, die an der tragenden Konstruktion der Terrasse verankert sind. Im geschlossenen Zustand fungiert dies als Einbruchschutz; einmal geöffnet, bildet die Konstruktion eine großzügige Terrasse mit Blick auf Land und Meer.

Die große überdachte Terrasse, die das Hauptmerkmal des Gebäudes ist, ragt in die Natur hinaus, und außerhalb des Hauses ermöglichen Liegestühle und Tisch angenehme Entspannung im Schatten. Die Belüftung im Inneren des Hauses wird durch gegenläufige Öffnungen gewährleistet, während der mobile Bereich klimatisiert ist.

»La Melagrana ist ein idealer Ort für alle, die einen Urlaub in der Natur und in der Nähe des Meeres mit der Möglichkeit, barocke Stätten von außergewöhnlicher Eleganz zu besuchen, kombinieren möchten. Das Haus liegt nur fünf Kilometer von der Stadt Noto und 15 Minuten von den goldenen Stränden des Naturschutzgebiets Vendicari entfernt.«

La Melagrana verfügt über drei Hauptschlafzimmer, von denen eines in ein Doppelzimmer (für sechs Personen) umgewandelt werden kann, zwei Badezimmer, ein großes Wohnzimmer mit Küchenzeile und eine große überdachte Terrasse. Die Terrasse ist geländerlos, sodass das Haus nicht für Kinder unter acht Jahren geeignet ist.

Das Ferienhaus befindet sich im Val di Noto, einem Gebiet, das 2002 aufgrund seiner schönen Barockstädte wie Noto, Modica, Caltagirone, Ragusa Ibla und Catania von der UNESCO zum Weltkulturerbe erklärt wurde.

Dies ist keine renovierte Scheune, sondern ein preisgekröntes Beispiel für zeitgenössische Architektur.

Isla Colón, Bocas del Toro, Panama

Zwei Wohnungen unter einem Dach

Name **CASA COMUNAL**

14 Personen

Architekten Jordan Christopher | Olivier Frei

TO DO das schöne Bocas del Toro-Archipel; die Natur der Isla Colón; die reiche Unterwasserwelt der Karibik

+ minimalistische Architektur; hippe Innenarchitektur; Blick aufs Meer und die tropische Natur; nachhaltiges Design

> *airbnb.com* or *casacomunal.com*

Tocumen International Airport (PTY)

$

Minimalistische Architektur, eine außergewöhnlich hippe Innenarchitektur, umgeben von tropischer Natur mit Blick aufs Meer - wer auf der Suche nach dem perfekten Ferienhaus ist, wird hier fündig. Die Casa Comunal ist der ideale karibische Urlaubsort für Reisende, die sich entspannen und dem ultimativen Urlaubsfeeling hingeben möchten.

Isla Colón, die größte und nördlichste Insel des wunderschönen Bocas del Toro-Archipels in Panama, ist die bezaubernde Heimat der Casa Comunal. Dieses ultimative Ferienhaus ist ein Projekt von Jordan Christopher, einem mit Leidenschaft surfenden und viel reisenden Architekten, der ein Team von Co-Designern und Freunden versammelt hat, um seinen Traum zu verwirklichen. »Es war mir wichtig, Reisende, die Einheimischen und die Natur zu vereinen, das war das Triumvirat hinter der Casa Comunal«, berichtet Jordan. Die Casa Comunal ist ein offenes, modulares Loft am Meer, ideal für Familienfeiern und Gruppenurlaube. Als Ferienobjekt kann es als ein großes Ganzes mit fünf Schlaf- und vier Badezimmern gemietet werden, oder aber zweigeteilt als zwei separate Unterkünfte: Casa Norte und Casa Sur. »Das größere der beiden Häuser, die Casa Norte, ist ein Haus mit drei Schlafzimmern und zwei Badezimmern. Die Mastersuite verfügt über ein Kingsize-Bett und ein großes Badezimmer mit einer übergroßen Badewanne. Das zweite Schlafzimmer verfügt über ein Kingsize-Bett und das dritte über ein Kingsize-Bett sowie ein Einzel-Schlafsofa. Darüber hinaus gibt es zwei große Hängebetten im großen Wohnzimmer. Alle Kingsize-Betten können in zwei Einzelbetten zerlegt werden, um Platz für bis zu neun Gäste zu schaffen. Das kleinere Haus, die Casa Sur, verfügt über zwei Schlafzimmer mit eigenem Bad. Die Küche ist in dieser Einheit besonders gut ausgestattet, mit Kücheninsel, Backofen und Geschirrspüler. In diesem Haus finden bis zu fünf Personen Platz.«

Die Casa Comunal ist wirklich einzigartig in Bocas del Toro. Die minimalistische Architektur des Hauses wurde mit Bedacht entwickelt und lenkt das Augenmerk auf die ausladende Aussicht auf das karibische Meer, während die Gartengestaltung die ursprünglichen Baumlandschaften berücksichtigt. Das Haus verfügt über 284 Quadratmeter Wohnfläche mit einem zusätzlichen überdachtem Außenbereich von 160 Quadratmetern und einem privaten Strand. Das Haus wurde im Hinblick auf nachhaltiges Wohnen konzipiert und verfügt über ein Regenwassersammelsystem, und tropische Obstbäume bieten eine Fülle von gesunden, biologisch angebauten Köstlichkeiten. Darüber hinaus wurden viele der Möbelstücke von lokalen Handwerkern aus recycelten Materialien und/oder Holz gefertigt. »Es wurden große Anstrengungen unternommen, um unseren Energieverbrauch zu senken und gleichzeitig maximalen Komfort für unsere Gäste zu gewährleisten. Das Beleuchtungssystem arbeitet mit hocheffizienten, warmfarbigen, dimmbaren LED-Lampen. Für die Temperaturregelung wurden die Ausrichtung des Hauses und die Fenster- und Deckenventilatorkonfigurationen unter Berücksichtigung natürlicher Cross-Breeze-Muster entwickelt, um den Luftstrom zu maximieren.«

Minimalistische Architektur, hippe Innenarchitektur, umgeben von tropischer Natur und mit Meerblick.

Saubion, Südaquitanien, Frankreich

Häuser auf Stelzen

Name LES ÉCHASSES	
2 Personen	$$$
+ ökologisches Resort; Hütten inmitten der Natur; Pool	TO DO Südaquitanien; Biarritz (45 Autominuten); die Pyrenäen (60 Autominuten); malerische Strände (15 Autominuten)
Architekt Patrick Arotcharen Architecte	> *ecolodge-lesechasses.com*
Aéroport de Bordeaux-Mérignac (BOD)	

Südlich der französischen Region Aquitanien erheben sich eine Handvoll moderner Holzbauwerke an einem malerischen See. Zusammen bilden sie Les Échasses, eine einzigartige Öko-Lodge inmitten der Natur.

Technisch gesehen ist Les Échasses kein Ferienhaus, sondern ein Komplex von Ferienhäusern inmitten einer atemberaubenden Landschaft, unweit von Biarritz. Der Öko-Lodge gelingt es, Luxus und Natur auf harmonische Weise zu vereinen. Dazu bedurfte es der großartigen Arbeit eines Architekten (Patrick Arotcharen), eines Gartenbauarichitekten (Marti Franch) und eines Designers (Jean Louis Iratzoki). Vor allem aber ist Les Échasses der zum Leben erweckte Traum von Thomas Aubanelle, ein friedlicher Ort, weitab von der Hektik der geschäftigen Welt, einladend und authentisch, ein Ort, an dem eine entspannte Atmosphäre zum Urlauben einlädt, ohne jede Hotelroutine. Ein luxuriöses Öko-Resort mit Pool, das die umliegende Natur respektiert. »Les Échasses fasst zusammen, was uns an diesem Teil der Welt am besten gefällt. Ein Ort, der unsere Region und ganz allgemein das Leben, die Kultur, die Musik und die Gastronomie feiert. Sein Design, seine Architektur und sein Konzept machen es zu einem außergewöhnlichen Platz im Herzen der Natur.«

Thomas hat die sieben Holzgebäude nach dem See benannt, an dessen Ufer sie stehen. »Unsere ›Modges‹ sind luxuriöse Hütten, auf Stelzen gebaut und speziell als Suiten für Paare konzipiert. Jede Modge hat ein Schlafzimmer und ein Badezimmer, in dem jedes Objekt handverlesen wurde. Die Gäste werden außergewöhnliche Räume entdecken, die jeweils eine einzigartige Mischung aus Ideen und Dekorationen, antiken Objekten und Möbeln auf einer großzügigen Fläche von fünfzig Quadratmetern bieten. Holzöfen, begehbare Duschen, private Terrassen am Wasser, große Betten, alles in einem einfachen Design aus nachhaltigen Rohstoffen und Materialien.« Neben den sieben Modges bietet Les Échasses auch ein großes Familienhaus zur Vermietung an. »Ein 100 Quadratmeter großer Bereich ist in zwei Schlafzimmer unterteilt. Ein Elternschlafzimmer sowie ein Schlafzimmer, das vier Kinder beherbergen kann, und ein geräumiges Wohnzimmer mit Küche, in der die Gäste vor Ort selbst kochen können. Auf einem privaten Grundstück gelegen verfügt die Lodge über eine eigene Terrasse mit Gartenmöbeln. Jeder Raum hat eine individuelle Note und Gestaltung, wobei auf jedes Detail geachtet wird, entsprechend dem hohen Standard, der Les Échasses auszeichnet.«

Die Öko-Lodge liegt in einem wunderschönen Teil der Natur, 15 Autominuten von ausgezeichneten Surfstränden, 45 Minuten von Biarritz und etwa 50 Minuten von der spanischen Grenze entfernt. In der näheren und weiteren Umgebung gibt es endlose Sandstrände und eine außergewöhnliche Natur, die zu Fuß oder zu Pferd erkundet werden können. Eine weitere Attraktion ist ein Tagesausflug in die spanische Stadt San Sebastián mit ihren Michelin-Sterne-Restaurants und dem weltberühmten internationalen Jazzfestival. Surfer finden in diesem Teil der Welt ebenfalls, was ihr Herz begehrt – es besteht kein Mangel an berühmten und anspruchsvollen Surfspots an der französischen und spanischen Küste.

j'ai pas la
conscience
tranquille

Ein friedlicher Ort, weitab von der geschäftigen Welt.

Agger, Thy, Dänemark

Ein Paradies für Surfer

Name LIGHT HOUSE	
2–8 Personen	$
+ inmitten der dänischen Natur; stilvolles skandinavisches Interieur; viel natürliches Licht; große Terrasse	TO DO Radfahren und Wandern im Thy Nationalpark; Surfen an der dänischen Küste; unweit von Limfjord, dem Outdoor-Ziel in Dänemark gelegen
Architekt Søren Sarup	
Aalborg Lufthavn (AAL)	> *aavego.dk*

Im dänischen Dorf Agger, umgeben von Seen, Dünen, einem Fjord und der Nordsee, hat Architekt Søren Sarup eine brandneue Ferienvilla erbaut. Das Light House ist eine Hommage an nordische Designtraditionen und die dänische Natur.

Im Light House, nur wenige hundert Meter von der Nordsee entfernt und an einem kleinen See zwischen Dünen gelegen, ist die umliegende Natur atemberaubend schön. Søren Sarup hat dies berücksichtigt und bei der Umsetzung des Projektes an große Fenster gedacht. Sarup hatte bereits das ebenso beeindruckende Ferienhaus Aavego in der Nähe gebaut und nun beim Light House aus zwei sehr unterschiedlichen Baukörpern eine weitere architektonische Perle geschaffen: ein horizontal ausgerichtetes Pultdachhaus mit breiten Glasfenstern und Douglas-Tannenverkleidung und ein A-förmiger Anbau. Ersteres verfügt über ein offenes Wohnzimmer, einen Essbereich, eine Küche, ein Schlafzimmer und ein Badezimmer, Letzteres über zwei zusätzliche Schlafzimmer, ein Badezimmer und eine Galerie unter dem Dach. Von diesem Raum, der als Schlafplatz für zwei Kinder dienen kann, haben Besucher, die in Richtung Dünen blicken, einen Panoramablick auf den Flade See.

»An der Nordseeküste, in der Nähe von Fjorden, Seen und Dünen gelegen, interagiert dieses Ferienhaus mit seiner natürlichen Umgebung und feiert die Qualitäten des einfachen Lebens«, berichtet der Architekt. »Die Nähe zur Natur, der Einsatz von Licht und luftiger Offenheit stehen im Einklang mit den nordischen Designtraditionen. Warme Holzoberflächen kontrastieren mit sauberem Weiß und prägnanten Linien, kombiniert mit modernen dänischen Möbelklassikern. Dies kreiert eine ruhige und entspannte Atmosphäre, die die Grenze zwischen Innen- und Außenbereich verwischt. Die Räume bieten Schatten, Schutz oder einen Platz an der Sonne - sei es im Frühjahr, Sommer oder Herbst. Dieses Haus wird fast allen Bedürfnissen gerecht, egal ob es sich um die eines Paares handelt, das ruhige Tage in Zweisamkeit verbringen möchte, oder um die einer Familie mit Kindern.«

Mit dem Thy Nationalpark direkt nebenan und dem Meer in Fußnähe ist das Light House ein Zufluchtsort für Naturliebhaber. Dänemarks größter und ältester Nationalpark besteht zum Großteil aus Dünen und sandigem Grasland. Das gesamte Gebiet ist mit Rad- und Wanderwegen erschlossen, die durch die schönsten Teile des Parks führen. Die Besucher können sogar auf einem der hier lebenden Islandponys reiten. Auch im nahe gelegenen Klitmøller, das als einer der besten Surf- und Windsurfspots Europas gilt, werden sich Abenteurer zu Hause fühlen. Die 31 registrierten Surfspots entlang dieser Küste, von Agger im Süden bis Hanstholm im Norden, sind unter dem Namen Cold Hawaii bekannt, ein Spitzname für dieses Surferparadies, das anscheinend ähnlich gute Windverhältnisse wie Hawaii aufweist.

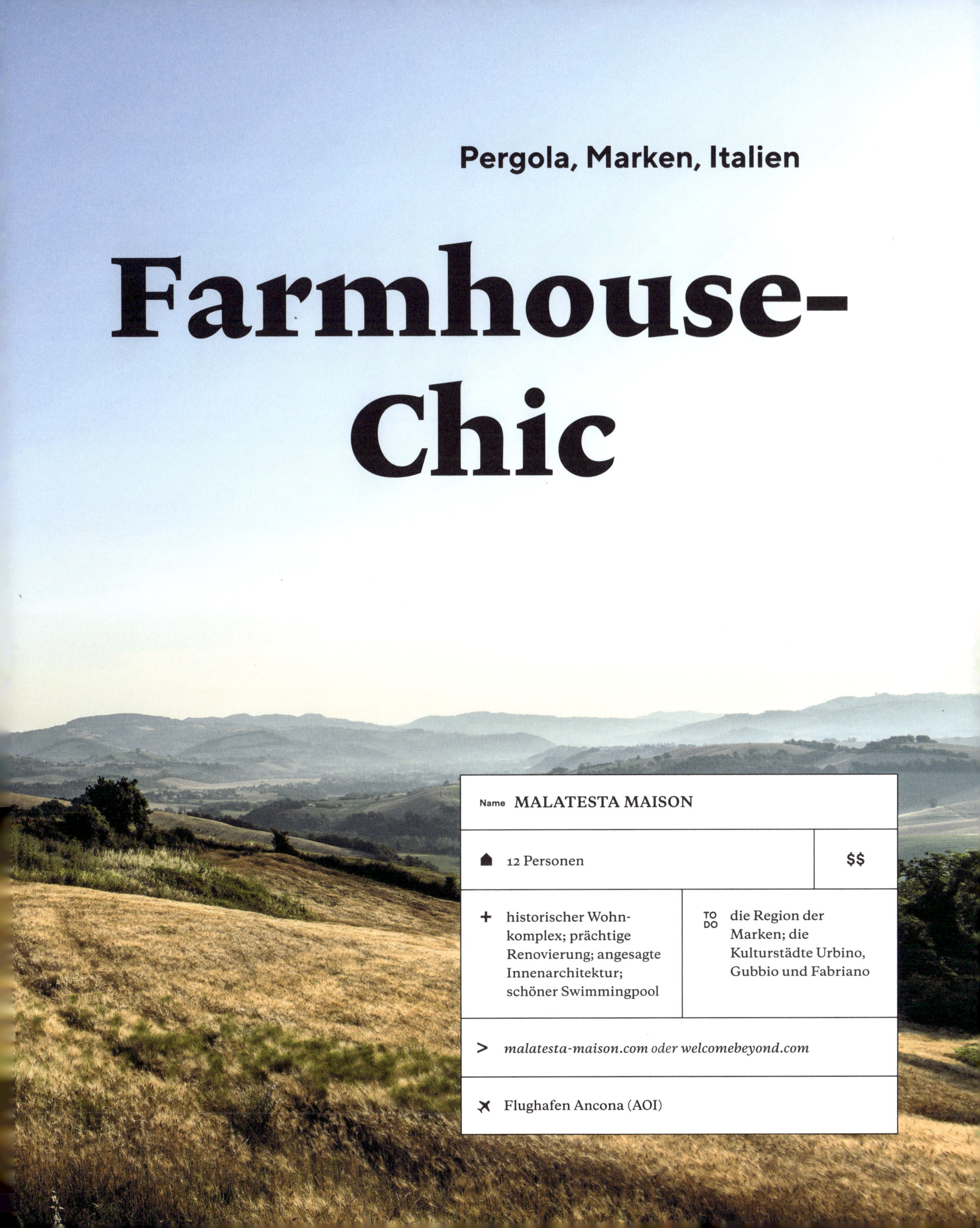

Pergola, Marken, Italien

Farmhouse-Chic

Name	MALATESTA MAISON	
⌂	12 Personen	$$
+	historischer Wohnkomplex; prächtige Renovierung; angesagte Innenarchitektur; schöner Swimmingpool	TO DO: die Region der Marken; die Kulturstädte Urbino, Gubbio und Fabriano
>	*malatesta-maison.com* oder *welcomebeyond.com*	
✈	Flughafen Ancona (AOI)	

Das Malatesta Maison macht seine Gäste nicht nur mit der herrlichen Hügellandschaft der Marken vertraut, sondern auch mit einem Hauch von Farmehouse-Chic. Das italienische Ferienhaus ist das schöne Ergebnis einer sorgfältigen Renovierung, die das ursprüngliche Gebäude vollständig erhalten hat.

In den Hügeln der Marken, zwischen Bergen und Meer gelegen, steht Malatesta Maison, ein einzigartiger Komplex aus drei Gebäuden. Die Besitzer Claudia und Carlo verwandelten eine 600 Jahre alte Ruine in das perfekte Ferienhaus für Urlauber, die Ruhe und Natur lieben. »Malatesta Maison stammt aus dem Jahr 1485, als die Familie Malatesta aus Rimini über das Gebiet herrschte. Laut alten Dokumenten auch als Dorf Malatesta erwähnt, wurde das Anwesen als Ferienhaus auf der Spitze eines Hügels gebaut, der ebenfalls heute noch als Malatesta bekannt ist. Nach einer langen Zeit des Leerstands kehrte das Anwesen zu seiner ursprünglichen Funktion zurück und wurde wieder zu einer Ferienvilla.«

Malatesta ist ein Komplex von drei Häusern, mit 450 Quadratmetern Fläche. Im Haupthaus gibt es ein großes Wohnzimmer und ein Esszimmer für zwölf Personen, eine Großküche und drei Schlafzimmer. Die anderen beiden Häuser beinhalten drei Schlafzimmer und ein Spa. Draußen findet sich ein großer Garten mit alten Eichen und großzügiger Terrasse, auf der man sich entspannen oder ein Sonnenbad nehmen kann. Für die Möblierung wurden natürliche Materialien wie Holz und Leinen verwendet, die traditionelle und moderne Dekorations- und Designstile kombinieren. Die fünf Doppelzimmer verfügen über ein Doppelbett, ein eigenes Bad, TV, WLAN und einen schönen Blick auf das Cesano-Tal. Der Anbau verfügt über eine sehr geräumige und gemütliche Suite. Es gibt auch einen Wellnessbereich, der ein Spa mit Sauna, Hammam und Jacuzzi beherbergt. Draußen bietet der neue Pool einen herrlichen Blick auf die Hügellandschaft. »Unseren Gästen steht ein persönlicher Koch zur Verfügung, der köstliche Gerichte zubereitet. Wir können Massagen, Kochkurse, Flughafentransporte, Führungen, einen persönlichen Fahrer sowie Touren zu ausgezeichneten Weingütern der Region organisieren. Wir bieten auch Wein- und Olivenölverkostungen an.«

Das Ferienhaus befindet sich in Montaiate, nur sieben Kilometer vom Dorf Pergola und einen Steinwurf von der Adria und den Kulturstädten Cagli, Urbino, Gubbio und Fabriano entfernt. »Malatesta Maison ist etwas Besonderes, da es in den wunderschönen Hügeln der Marken gelegen ist, einer Region, die touristisch noch kaum erschlossen ist. Wenige Kilometer von uns entfernt befinden sich Kulturstädte wie Urbino, Fano, Pesaro und Sassoferrato. Wenn Sie die majestätische Natur bevorzugen, bewundern Sie die Frasassi-Grotten, den Furlo-Pass, den Monte San Bartolo, den Monte Conero und die Sibyllinischen Berge der Adriaküste. In Pergola und San Lorenzo in Campo gibt es gutes Essen und Wein. In Senigallia, eine halbe Autostunde entfernt, findet man viele hervorragende Restaurants, von denen zwei mit Michelin-Sternen ausgezeichnet wurden: Uliassi und Madonnina del Pescatore.«

Die wundervolle Region der Marken ist touristisch noch kaum erschlossen.

Name **VILLA SLOW**

6–8 Personen | $

+ grüne Hügel; helles und modernes Interieur; energie-effizient; Vintage-Möbel

TO DO die Region Kantabrien; Bilbao; Santander

Architektin Laura Alvarez Architecture

> *villaslow.com*

Aeropuerto de Santander (SDR)

San Roque de Riomiera, Kantabrien, Spanien

Ein Haus zwischen Hügeln

2014 kaufte Laura Alvarez ein Stück Land in der Nähe ihres Geburtsortes im Norden Spaniens. Heute steht an dieser Stelle die Villa Slow, ein Ferienhaus, das das achtsame Leben feiert. An der Grenze zwischen Natur und Architektur schuf die Architektin die perfekte Harmonie zwischen Innen- und Außenraum.

Laura Alvarez leitet ihr gleichnamiges internationales Architekturbüro in Amsterdam. Mit dem Wunsch, ab und an in ihre Geburtsregion zurückzukehren, entwarf die junge Architektin ein Ferienhaus inmitten der Hügel und Berge des Naturparks Valles Pasiegos in Kantabrien, in der Nähe von Santander und zwei Autostunden von Bilbao entfernt. Die Villa Slow erhob sich aus den Steinruinen, die auf dem Gelände standen. Das Ferienhaus wurde aus recycelten und lokalen Baumaterialien gebaut und ist von einer traditionellen *Cabaña Pasiega* (Bauernhütte) inspiriert, die eine Kombination aus Haus und Scheune darstellt. Es ist ein Passivhaus mit einer rauen Steinfassade und einem warmen, minimalistischen Interieur. Laura ergänzte die weiße Grundausstattung mit Grautönen und Holzakzenten sowie Vintage-Möbeln, die sie in den Niederlanden fand. »Ich bin im Norden Spaniens aufgewachsen, nicht weit von der Villa Slow entfernt. Ich habe wirklich gute Erinnerungen daran, wie ich und meine Familie die Natur genossen. Diese Region Spaniens hat viele der Dinge, nach denen ich immer suche, wenn ich Urlaub mache: Berge, Meer, Naturparks, Wanderwege, Ruhe, Kultur und vielfältige Gastronomie. Aber eine schöne Unterkunft habe ich oft vermisst. Ein Ort, an dem man es warm hat, wenn es draußen kalt ist, und der das Leben nach draußen verlagert, wenn die Sonne scheint. Also dachte ich: Wenn ich so etwas nicht finden kann, muss es viele Leute geben, denen es ebenso geht. Also lasst uns einen schönen Ort entwerfen, bauen und teilen! Als Architektin konnte ich mir diese Gelegenheit einfach nicht entgehen lassen.«

»Das Schema des Hauses ist einfach«, erklärt Alvarez. »Zwei große Panoramafenster im Wohnzimmer, die in entgegengesetzte Richtungen weisen, schaffen eine schöne Kulisse mit Bergen, Wolken und Bäumen. Diese beiden Öffnungen ermöglichen es, vom geräumigen Wohnzimmer im Zentrum des Hauses aus den beeindruckenden Ausblick auf Tal und Berge zu genießen. Neben dem Wohnbereich befinden sich im Ostflügel zwei Schlafzimmer, die eher private Seite des Hauses, beide mit eigenem Bad und Öffnungen zur Landschaft hin und morgens lichtdurchflutet. Dank der großzügigen Höhe bietet ein Zwischengeschoss Platz für zusätzliche Schlafplätze: für ein Pärchen oder ein Paar mit Kindern, Freunde etc.«

Die Villa Slow wurde mit äußerster Achtsamkeit und Liebe zum Detail entworfen. Das Haus ist sehr umweltfreundlich, ein Passivhaus mit Luftwärmepumpe, die das gesamte Gebäude mit Energie versorgt, einer effizienten Fußbodenheizung, einer hochwertigen Isolierung und leistungsstarken Glasfenstern für minimalen Wärmeverlust. Das Hochleistungsglas erwärmt den Innenraum im Winter und die großen Holzläden schützen vor Sonneneinstrahlung im Sommer. Alle Materialien für den Bau der Villa Slow wurden entweder aus dem alten Steinhaus wiederverwendet oder stammen aus der Region Kantabrien.

Die Architektin schuf eine perfekte Balance zwischen Innen- und Außenraum.

Santa Teresa, Puntarenas, Costa Rica

Klare Formen, üppige Vegetation

Name	JUNGLA MODERNA
6 Personen	$
+ klare Linien; wilde Dschungellandschaft; elegantes Interieur	TO DO Playa Hermosa, einer der schönsten Surfstrände Costa Ricas; die Nicoya-Halbinsel
> *boutique-homes.com*	
Architekten	Stanley Saitowitz | Natoma Architects Inc.
Juan Santamaría International Airport (SJO)	

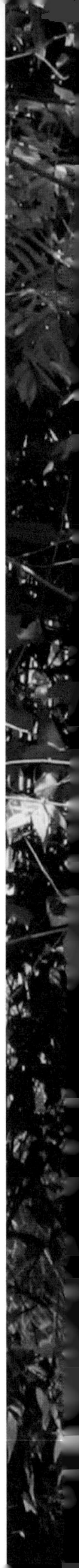

In den Hügeln über dem Strand von Santa Teresa baute der amerikanische Architekt Stanley Saitowitz das ultimative tropische Ferienhaus. Jungla Moderna ist eine Villa im brutalistischen Stil, inspiriert von Le Corbusiers Maison Dom-Ino, mitten im wilden Dschungel.

Wer Jungla Moderna zum ersten Mal über dem dichten Dschungel aufragen sieht, wird sich wahrscheinlich erstaunt die Augen reiben. Das Haus ist mit einem Mantel aus rostfarbenen Siebrohren umkleidet, die sowohl Schutz als auch Schatten bieten. Hinter dieser Metallschicht verbirgt sich eine aus Glas: Glasschiebewände ermöglichen es, die Villa vollständig zu öffnen, um eine frische Meeresbrise hereinzulassen. »Eine Treppe führt zur Plattform des Hauses. Darauf ist, zwischen Haus und Meer, ein Infinity-Pool mit blauem Wasser eingelassen. An einem Ende befindet sich eine kleine Rasenfläche, am anderen ein flaches Sitzbecken«, so der Architekt.

»Das Haus bietet eine vielschichtige Reihe diverser Ansichten. Zuerst die zweitürigen Siebrohr-Läden, die für Schatten und außerdem für Sicherheit sorgen, wenn die Besitzer in den USA sind. Dann eine Veranda. Und schließlich eine Glasschiebewand und davor bewegliche Gitterläden. Im Klima Costa Ricas ist nur ein Schutz vor den saisonalen Regenfällen notwendig. Ansonsten macht die Luftzirkulation, die sowohl zur Abkühlung als auch zum Abtransport von Feuchtigkeit dient, das Haus zu einem wohnlichen Heim. An der hohen Decke versetzen Ventilatoren die Luft in Bewegung. Die Rückwand ist zur Querbelüftung mit einem Lüftungsgitter versehen. Die Schlafzimmer sind an einem Ende in zwei Stockwerke unterteilt, zwei Gästezimmer unten und das Hauptschlafzimmer darüber. Die Rückwand wurde verstärkt, um hinter Glasschiebetüren Küche, Abstellraum, Treppenhaus und Badezimmer aufzunehmen.«

Jungla Moderna ist ein Ferienhaus, das ein entspanntes und einfaches Leben ermöglicht, in dem sich innen und außen, nass und trocken, Pool und Strand zwischen üppiger Vegetation vereinen. Es gibt eine Dusche zum Abwaschen von Salz und Sand, bevor man zu der Plattform hinaufsteigt, unter der sich ein Stauraum für ein Quad und andere Gerätschaften befindet. »Bananen, Mangos, Papayas, Kokosnüsse, Avocados, Guaven und Passionsfrüchte – all das wächst in den Gärten dieses Paradieses. Die Bäume um das Haus herum sind von Scharen kleiner Affen bevölkert, einige mit ihren Babys auf dem Rücken. Sie balancieren geschickt von Ast zu Ast und pflücken sich ihre Nahrung in den Bäumen der Dschungellichtung, die mehr Sonne abbekommen und mehr Früchte tragen. Sie zeigen nur geringes Interesse an den menschlichen Bewohnern vor Ort. Man fragt sich, was sie über die Architektur denken.«

Das Ferienhaus liegt direkt über der Playa Hermosa auf der Nicoya-Halbinsel, einem der schönsten Surfstrände der Gegend. Himmlische Küsten, hohe Wellen, charmante Badestellen und eine hohe Lebensqualität machen diese Halbinsel zu einem der beliebtesten Ziele Costa Ricas.

Jungla Moderna ist eine Villa mit brutalistisch anmutender Architektur, inmitten eines wilden Dschungels.

Savitaipale, Karelien, Finnland

Das Haus am See

Name MÖKKI SANTARA	
4 Personen	$
+ Seeblick; Sauna; minimalistische Inneneinrichtung; angesagtes Holzhaus	TO DO Santara-See; historische Provinz Karelien; Lappeenranta (30 Autominuten)
> *cgertz.jimdo.com*	Architektin Carla Gertz
Helsinki-Vantaa Airport (HEL)	

Im Herzen der finnischen Seenplatte, am Ufer des Santara-Sees gelegen, baute Architektin Carla Gertz ihr eigenes »Mökki«, ein typisch finnisches Häuschen, inmitten der Natur. Mökki Santara ist jedoch außergewöhnlich - mit schwarzen Verkleidungen an der Außenseite und einer superhippen Innenarchitektur schuf Gertz ihre eigene, zeitgenössische Version des finnischen Klassikers.

Unweit der russischen Grenze, im finnischen Südkarelien, das größtenteils aus Seen und wilder Natur besteht, versteckt sich das Ferienhaus Mökki Santara zwischen den Bäumen am Ufer des Sees. Die schwarze Außenseite des Ferienhauses fällt sofort ins Auge, aber wenn man durch die Haustür tritt, ist man von Licht, Wärme und Gemütlichkeit umgeben. »Mökki bedeutet auf Finnisch ein kleines Häuschen am See - ein ruhiger Rückzugsort inmitten der Natur«, erklärt die Architektin. »Ohne Luxus, reduziert auf das Wesentliche, verbindet das Mökki traditionell urbanen Alltag mit ländlicher Naturnähe. Weitab von der Zivilisation am Ende einer langen Reise von Helsinki wartet das Mökki Santara als ein friedlicher Rückzugsort, eingebettet in das Herz Kareliens, inmitten einer endlosen Wildnis aus Wäldern und Seen.«

Nach traditionellen Raumkonzepten teilt das Mökki Wohnhaus und Sauna in zwei getrennte Bereiche. Leicht erhöht auf einer Verbindungsplattform öffnen sich beide Bauteile nach Südwesten mit Blick auf den Santara-See. »Die einfachen, archetypischen Gebäude bieten eine einzigartige und zeitgemäße Interpretation der Mökki-Typologie. Im geschlossenen Zustand erscheinen die Bauformen als schwarze, archaische Monolithen. Das Innere setzt mit einer leichten und warm fließenden Abfolge von Räumen einen Kontrapunkt zum kompakten Äußeren. Helle und unbehandelte Holzoberflächen teilen den Küchen-, Wohn- und Schlafbereich in verschiedene Zonen.«

Die ausschließliche Verwendung von regionalen und nachhaltigen Materialien unterstreicht den standortspezifischen Ansatz. Das Fichtenholz wurde vor Ort bezogen und sorgt nun für eine behagliche Atmosphäre, auch wenn draußen minus 30 Grad herrschen. »Die Vorfertigung der Tragkonstruktion sowie der Fenster, Türen und Einbaumöbel ermöglichte es, Mökki Santara in nur acht Wochen mit einem effizienten und kompetenten Handwerkerteam zu bauen. Die Verkleidung der Holzrahmenwände setzt sich auf dem Dach fort und bildet eine fünfte Fassade mit verdeckter Abdichtung darunter. Versteckte Details wie Unterflurschuppen und der nahtlose Übergang von Ortgang und Traufe unterstützen die klare, elegante und abstrakte Architektur. Diese präzise Detaillierung spiegelt sich im Inneren wider, wo Möbel und Konstruktion verschmelzen.« Das Ergebnis dieser vorsichtigen, aber dennoch natürlichen Herangehensweise an Design und Konstruktion ist eine sanfte Architektur für eine ruhige Landschaft.

Das Mökki verfügt über zwei Doppelbetten und Platz für bis zu vier Personen. Haupthaus und Sauna sind mit Holzöfen und Heizungen ausgestattet. Das Haus verfügt über WLAN, fließendes Wasser und Strom. Die Küche ist mit allem Komfort des modernen Lebens ausgestattet.

Das finnische »Mökki« ist ein ruhiger Rückzugsort inmitten wilder Natur.

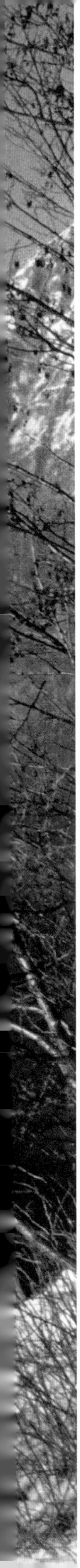

Kobarid, Goriška, Slowenien

Einfach himmlisch

Name **NEBESA**	
8 Personen	$
TO DO Nationalpark Triglav; Bleder See; italienische Dolomiten; Ljubljana; Venedig	
+ ganzjährig schön; einzigartige Aussicht auf das Soča Tal; minimalistische Architektur	
Architekt Rok Klanjšček	> *nebesa.si*
Ljubljana Jože Pučnik Airport (LJU)	

Ein Ort für die Seele. Eine Art Kloster, in Wolken gehüllt. Ein Triumph der Natur. Nebesa bietet ein Urlaubserlebnis, das einen entführt - weit weg von der lauten, modernen Welt, auf eine magische natürliche Aussichtsplattform, die einem das Gefühl gibt zu fliegen, wenn man nach unten sieht.

»Nebesa« bedeutet Himmel und ist der alte Name der Wiese, auf der das Resort steht. »Seit undenklichen Zeiten und bis zur Mitte des 20. Jahrhunderts mähten unsere Vorfahren Gras und hüteten ihre Herden in den Hügeln über dem Fluss Soča«, sagt Maja Roš, die das aus vier Chalets bestehende Resort leitet. »Ihre Überzeugung, dass dieser Ort himmlisch ist, rührt von den luxuriösen Aussichten, die das Urlaubsdomizil bietet - Alpen auf der einen und die Adriaküste auf der anderen Seite. Neben dem Panorama ist auch das Klima faszinierend; eine Mischung aus Mittelmeer und Bergen. Der Name »Nebesa« wurde von den Gründern des Skigebiets Livek beibehalten, das in den 70er- und 80er-Jahren im Besonderen bei Slowenen und Italienern sehr beliebt war. Das Skizentrum wurde mittlerweile aber wegen Schneemangels geschlossen.«

Neben den Aussichten ist auch das Klima faszinierend, eine Mischung aus Mittelmeer und Alpen.

Im Jahr 2000 kaufte Majas Vater, der Tolminer Arzt Bojan Roš, die Aussichtsplattform und Ruinen der alten Skihütte. Architekt Rok Klanjšček entwarf die Pläne für einen kleinen Touristenkomplex, der mehrere Architekturpreise erhielt, darunter den renommiertesten slowenischen Preis, die Plečnik-Medaille, und eine Nominierung für den internationalen Mies van der Rohe Preis. Die Auszeichnungen würdigten die Fähigkeit des Architekten, das Bergdorf Nebesa mit dem Geist der alten Weiden und Hirtenhütten über dem Fluss Soča und den Heuschobern in der Nähe von Livek zu verbinden. Die neuen Gebäude haben sich in die Panoramalage eingefügt, ohne die Eleganz und den Charme der alten Gebäude in der Region zu beeinträchtigen. »Das Rückzugsgebiet in den Bergen ist ein Komplex aus dem 21. Jahrhundert, der auf Fundamenten aus dem vorigen Jahrhundert ruht. Es ist ein Ort, an dem sich modernes und traditionelles Design treffen, an dem sich außen und innen zu einem einzigartigen Erlebnis verbinden«.

Die Basis aus lokalen Materialien wird mit raffinierten Details und Elementen von führenden Designern zu einer kongruenten Gesamtheit verschmolzen und kreiert eine wohnliche und entspannte Atmosphäre. Riesige Glaswände schützen vor der Witterung, verwischen aber die Grenze zwischen außen und innen. Die natürliche Schönheit des Flusses Isonzo und die Lage von Nebesa an der Grenze zwischen Slowenien und Italien, in der Nähe von Österreich und den Flughäfen Venedig, Triest, Ljubljana und Klagenfurt verleihen dem Alpenresort seinen internationalen Reiz. »Das Tal des smaragdgrünen Isonzo ist eines der weltweit attraktivsten Reiseziele. Der moderne Tourismus hat hier gerade erst begonnen.« Bojan und Katja Roš, die Nebesa gegründet haben, haben zwei Töchter: Ana, die 2017 als beste Köchin der Welt ausgezeichnet wurde und zusammen mit ihrem Mann das Restaurant Hiša Franko (nur zwölf Kilometer von Nebesa entfernt) leitet, und Maja, die heutige Besitzerin von Nebesa.

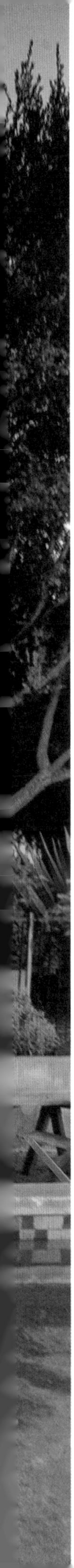

Topanga, Kalifornien, USA

Stilvolle Zuflucht

Name TOPANGA SANCTUARY

8 Personen | $$

\> *boutique-homes.com* oder *airbnb.com*

Architekt Charles Ward

\+ einzigartige Unterkunft; sehr stilvolles Interieur; wunderschöner Canyonblick; Pool

TO DO Topanga State Park; Malibu; Santa Monica; Los Angeles

Los Angeles International Airport (LAX)

Am Rande des Topanga State Park, zwischen Bergen und Meer gelegen und nur einen Steinwurf von Los Angeles entfernt, zieht das Topanga Sanctuary Urlauber an, die dem Stress des Alltags in einer geradezu toskanischen Umgebung entfliehen wollen.

Der renommierte Architekt Charles Ward ist bekannt für seine klaren Linien und festungsartigen Außendesigns, und das Topanga Sanctuary bildet da keine Ausnahme. Das Haus wurde von einem kreativen Paar renoviert, das sich auf Design und Kunst spezialisiert hat - was sich deutlich in der Innenarchitektur bemerkbar macht. »Dieses private, bewachte Haus liegt auf fünf Hektar Land neben dem Topanga State Park«, erklären die Besitzer. »Am Pool genießt man wunderschöne Sonnenuntergänge und einen herrlichen Bergblick, der einem das Gefühl gibt, in der Toskana zu sein. Dieses einzigartige zeitgenössische Haus ist exquisit gestaltet, und seine Lage inmitten der wilden Naturlandschaft ermöglicht eine atemberaubende Aussicht. Das Gelände ist großartig angelegt mit einheimischen Pflanzen, die die unberührte Schönheit von Topanga widerspiegeln. Entspannen Sie sich auf der mehrstöckigen Außenterrasse oder im Innenbereich mit unvergleichlichem Panoramablick auf die Santa Monica Mountains und die Wildnis.«

Das Topanga Sanctuary verfügt über vier geräumige Schlafzimmer, jedes mit einem fantastischen Blick auf die wunderschöne Umgebung, und drei Badezimmer. Das Hauptschlafzimmer ist ein heller und verträumter Raum mit einem eleganten Beton-Bad und einer großen, privaten Aussichtsterrasse. Das Haus bietet Platz für acht Personen und verfügt über ein großes, unbeheiztes Solebad, das im warmen Klima Südkaliforniens äußerst erfrischend ist. »Dies ist eine ruhige Zuflucht außerhalb der Szene LAs, in der man in einer entspannten und idyllischen Umgebung mit Freunden und Familie relaxen kann. Topanga Canyon ist eine friedliche Bergregion, die sich über den Pacific Coast Highway (mit weißen Sandstränden) und das San Fernando Valley erstreckt. Topanga ist ideal zwischen Santa Monica (20 Kilometer) und Malibu (28 Kilometer) gelegen. Der Ort ist bekannt für seine vielseitige, familienfreundliche Nachbarschaft; hier wohnen zahlreiche namhafte Künstler, Musiker, Schriftsteller und Schauspieler. Der Ort, mit Restaurants, Cafés, einer Post, einer Bibliothek, Gartenbedarf- und Geschenkeläden, Yogastudio, Gourmet- und Naturkostmarkt, Vintage-Boutiquen und Bauernmarkt am Freitag, liegt nur etwa 1,5 Kilometer vom Ferienhaus entfernt.«

Das Gelände, auf dem das Topanga Sanctuary errichtet wurde, grenzt an den Topanga State Park, der ausgedehnte Wanderwege durch offenes Grasland, beeindruckende Eichenwälder und einen spektakulären Blick auf den Pazifik ermöglicht. Der Park liegt vollständig innerhalb der Stadtgrenzen von Los Angeles und gilt als das größte Wildland der Welt innerhalb einer Großstadt. Er bietet ausgezeichnete Freizeitmöglichkeiten für Wanderer, Mountainbiker und Reiter.

Das Haus wurde von einem kreativen Paar renoviert, das sich auf Design und Kunst spezialisiert hat – was sich deutlich im Interieur bemerkbar macht.

San Vigilio di Marebbe, Südtirol, Italien

Chalet in den Dolomiten

Name	MOUNTAIN LODGE TAMERSC
4-6 Personen	$$$
+ luxuriöses Chalet in den Bergen; Holz innen und außen; moderne und elegante Architektur	TO DO Naturpark Fanes-Sennes-Prags; Lago di Braies; Tre Cime; Bozen (57 Auto-minuten)
> *mountainlodge-tamersc.com*	
Architekt	Em2 Architetti
✈ Innsbruck-Kranebitten Airport (INN)	

Im westlichsten Teil des malerischen Naturparks Fanes-Sennes-Prags liegen zwei Holzgebäude, die zusammen die Mountain Lodge Tamersc bilden. Diese Berghütte ist eine Hommage an das Flair und die moderne Architektur Südtirols, kombiniert mit einem Hauch lokaler Tradition.

Im Naturpark Fanes-Sennes-Prags auf einer Höhe von 1400 Metern gelegen, empfängt die Mountain Lodge Tamersc ihre Besucher als ein Ort der Ruhe, des Luxus, des Stils und wilder Natur. Das exklusive Sporthotel in San Vigilio di Marebbe, einem charmanten Dorf in den Dolomiten des Gadertals, betreibt die Lodge. Acht Kilometer von San Vigilio entfernt liegt die Lodge tief in den Bergen zwischen Nadelwäldern versteckt. Das Chalet, das traditionelle und moderne Architektur verbindet, besteht streng genommen aus zwei Gebäuden und bietet auf gut 130 Quadratmetern Platz für bis zu sechs Personen. Das Hauptgebäude besteht aus zwei Stockwerken; das Nebengebäude verfügt über ein Schlafzimmer mit zwei Einzelbetten und eine Dusche.

Was in der Mountain Lodge Tamersc sofort auffällt, ist die Liebe zum Lärchenholz, das fast überall zu finden ist – von den Wänden und der Decke bis hin zu den Möbeln. »Der Innenraum wird von starken, klaren Linien und wenig Schnickschnack dominiert, und die Möbel wurden intelligent in das Haus integriert: In den Schlafzimmerbereichen dienen Schränke sowohl als Stauraum als auch als Raumteiler. Türen sind kaum erkennbar, da die Holzwände fast vollständig mit Durchgängen durchbrochen sind. Ein kleiner Schreibtisch ist Teil der Treppe und die Küchenausstattung ist einfach und funktional«, sagen die Manager. »Im ganzen Haus sind Böden, Wände, Decken, Treppenhaus und Einbaumöbel aus hellem Lärchenholz gefertigt. Die offene Küche und der Esstisch aus massivem Kiefernholz. Eckbank und Liegestühle, in denen man stilvoll Drinks genießen kann, sind ein klassisches Südtiroler Detail. Vom lederbezogenen Sofa aus hat man einen beeindruckenden Blick auf Wiesen, Berge und Wald. Ein offener Kamin im kombinierten Wohn- und Essbereich rundet das perfekte Hüttenambiente ab.«

Die Außenfassaden des Haupt- und Nebengebäudes fügen sich harmonisch in die Umgebung des Naturparks ein. Winters wie sommers bietet der Naturpark zahlreiche touristische Attraktionen. »Nur acht Kilometer von der Hütte entfernt befinden sich San Vigilio und das Skigebiet Kronplatz mit seinen 25 blauen, zwölf roten und fünf schwarzen Pisten, wo von Ende November bis Mitte April Pistenvergnügen garantiert ist. Direkt vor der Mountain Lodge Tamersc befindet sich eine wunderschöne Langlaufloipe. Im Sommer blühen hier Wildblumen, Kühe grasen friedlich, Pferde traben gemütlich über die Koppel, und die Berge erstrahlen in der warmen Sommersonne. Im Naturpark Fanes-Sennes-Prags warten atemberaubende Wander- und Mountainbikewege auf unsere Gäste.«

Diese Berghütte ist eine Hommage an das Flair und die moderne Architektur Südtirols, kombiniert mit einem Hauch lokaler Tradition.

Gooderham, Ontario, Kanada

Ein Haus für alle Jahreszeiten

Name	THE BEAR STAND
12 Personen	$$
+	preisgekrönte Architektur; außergewöhnlich stilvolles Innendesign; abgelegene Lage; Wildniserlebnis
TO DO	Contau Lake (und 12 andere Seen der Region); County of Haliburton; Toronto (2,5 Autostunden); Algonquin Provincial Park
Architekt	Bohlin Cywinski Jackson
>	*thebearstand.com* oder *cottagesincanada.com/thebearstand*
✈	Toronto Pearson International Airport (YYZ)

Ein mit einem Architekturpreis ausgezeichnetes Ferienhaus ist zweifellos ein Ziel mit Mehrwert. The Bear Stand in der kanadischen Provinz Ontario ist ein solches Domizil, herrlich gelegen inmitten wilder Natur an den Ufern eines Sees.

The Bear Stand, etwa 2,5 Autostunden von Toronto entfernt, ist ein bemerkenswertes Ferienhaus einer in Shanghai ansässigen Familie, die ihre Leidenschaft für zeitgenössisches Design in perfekter Harmonie mit einer schönen Umgebung verwirklicht hat. Das Haus liegt in der Nähe des Lake Contau, nur einen Katzensprung von Gooderham in Ontario entfernt, eine perfekte Basisstation, um dem Trubel der Stadt zu entkommen. Der »Bärenstand« wurde von dem Architektenbüro Bohlin Cywinski Jackson gebaut, das für seinen Entwurf mit dem American Institute of Architects (AIA) Merit Award 2017 ausgezeichnet wurde. »Unsere wunderschöne Vier-Jahreszeiten-Immobilie verbindet gut durchdacht moderne Handwerkskunst mit Indoor-Outdoor-Konnektivität, sodass sie in ihrer natürlichen Umgebung entspannt Platz findet«, sagen die Eigentümer. »Die einzigartige, handgefertigte Holzstruktur wurde 2015 fertiggestellt und bietet raumhohe Fenster, holzbeheizte Granitkamine (innen und außen), eine hohe zweigeschossige Decke, Tannenbalken und beheizte Hartholzböden. The Bear Stand, benannt nach einem alten Jagdstand auf dem Grundstück, verbindet traditionelles Hüttenflair mit dem besten zeitgenössischen Design.«

The Bear Stand befindet sich in einer privaten Bucht, auf einem 99 Hektar großen Grundstück, und bietet absolute Privatsphäre. »Eingebettet zwischen dem See und einer angrenzenden Felswand, die sich im Süden erhebt, dient der Rückzugsort als Ausgangspunkt für Erkundungstouren in einem weitläufigen, vom Bauherren gestalteten privaten Wegenetz«, erklären die Architekten. Die zweigeschossige Residenz erstreckt sich zwischen See und Felswand, mit Wohn- und Essräumen im Erdgeschoss, die sich ins Freie öffnen, und Schlaf- und Baderäumen, die sich darüber befinden und einen weitläufigen Blick auf den See und den umgebenden Wald ermöglichen. Die beiden Ebenen sind durch ein verglastes, dem Hang zugewandtes Treppenhaus verbunden, das durch einen massiven Kamin aus lokalem Granit verankert ist. Außenanlagen, wie etwa eine private Sauna, ein Ofuro-Becken, ein Whirlpool und eine abgeschirmte Veranda ermöglichen unbeschwerten Urlaubsgenuss. The Bear Stand wurde für die ganzjährige Nutzung konzipiert. Es ist der perfekte Ort, um den Wechsel der Jahreszeiten zu erleben, für den Kanada so berühmt ist. Im Sommer bieten die natürliche Uferlinie und das angrenzende geschützte Sumpfgebiet ausgezeichnete Kanu- und Kajakmöglichkeiten. »Baden im See, von den berühmten Contau Rocks ins klare Wasser springen, eine Wanderung auf den Contau-Trails machen und sich abends am offenen Feuer *s'mores* schmecken lassen«, schlägt Sharon, die Besitzerin vor. »Wenn die Tage kürzer werden, genießt man das malerische Herbstlaub am See und in der Gegend von Haliburton und schürt abends die Holzfeuer an. Im Winter kann man hier Schneeschuhwandern, Skifahren, Langlaufen, Rodeln, Hundeschlittenfahren und Schneemobilfahren oder es sich einfach mit einem guten Buch gemütlich machen und den Tanz der Schneeflocken beobachten.

The Bear Stand ist herrlich gelegen, inmitten wilder Natur an den Ufern eines Sees.

Wroxham, Norfolk, Großbritannien

Zu Hause in der Lagune

Name **BACKWATER**

8 Personen | $

TO DO: Der Broads Nationalpark; Norwich (20 Autominuten); die Küste von Norfolk (20 Autominuten).

+ Panoramablick über eine private Lagune; cooles Interieur

> *backwaternorfolk.co.uk*

Architekten Platform 5 Architects

Norwich International Airport (NWI)

Im Herzen der Norfolk Broads gelegen verfügt Backwater über einen Blick auf die hauseigene Lagune. Das bemerkenswerte Feriendomizil wurde von dem preisgekrönten Architekturbüro Platform 5 Architects entworfen und ist ein wahrer Augenschmaus - von innen wie von außen.

Das britische Norfolk ist vor allem für seine »Broads« bekannt, einen Nationalpark mit mehr als 200 Kilometern an schiffbaren Wasserstraßen, eingefasst von einer wunderschönen Landschaft. Entlang einer dieser Wasserstraßen, in einer abgelegenen Lagune, liegt Backwater, ein modernes Ferienhaus mit Panoramablick. Der Eigentümer des Hauses ist Patrick Michell, der auch Partner des renommierten Architekturbüros Platform 5 Architects ist. »Die Planung eines neuen Gebäudes für das Grundstück bot die Möglichkeit, die Umgebung zu bereichern, indem wir einen stilvollen Kontrapunkt zu traditionelleren Nachbarhäusern setzten und der ruhigen Lage Respekt zollten. Ein Hauptziel war es, einfache, zeitgemäße Wohnräume im Zentrum des Hauses zu schaffen, die sich an den Aussichten auf die Umgebung orientieren.«

Das Anwesen wurde als dreigliedrige Anordnung niedriger Bauteile konzipiert, deren Schrägdächer an die für die Broads typischen Bootswerften erinnern. Äußerlich wurden Dach und Seitenwände mit geschwärzten Holzschindeln verkleidet. Die Schindeln der vorderen und hinteren Fassaden blieben unbehandelt, um sie wetterfest zu machen und ein warmes, strukturiertes Aussehen zu erzeugen. Auf der Unterseite des Daches an der Uferpromenade wurde mit Holzverkleidungen eine raffinierte Ästhetik geschaffen, die eine Verbindung zur Innengestaltung kreiert. Jeder Gebäudeteil hat eine andere Größe und ist darauf ausgerichtet, verschiedene Ausblicke auf die umliegende Moorlandschaft zu ermöglichen. Der Wohnbereich mit hoher Decke bietet Blick auf einen urtümlichen Wald voller Wildtiere, während das Zentrum des Hauses eine Panoramaaussicht auf die private Lagune eröffnet. Der Schlafzimmerflügel bietet kleinere gerahmte Aussichten auf die mit Schilf bedeckten Ufer und auf den Steg.

Im Inneren ermöglicht ein einfacher, unterbrochener Grundriss ein flexibles Wohnen, und Holzschiebetüren passen das Haus mit ihrer einfachen Funktionalität dem Familienleben an. Die zentrale Wohneinheit beinhaltet eine große Küche und einen Essbereich und mündet in das angrenzende Wohnzimmer, das durch einen mit Stahl verkleideten Kamin in zwei Bereiche unterteilt ist. Die drei Schlafzimmer des Hauses befinden sich in der dritten Wohneinheit und sind auf zwei Etagen verteilt, die durch eine Wendeltreppe im Eingangsbereich verbunden sind. Jeder Raum verfügt über sorgfältig gestaltete Einbaumöbel. Verschiedene Materialien verleihen jedem Raum seine eigene Farbe und Textur und eine gemütliche, einzigartige Atmosphäre. Das Haus wurde unter dem Gesichtspunkt der Nachhaltigkeit konzipiert. Die fast gänzlich verglaste Südseite sorgt für ein Maximum an natürlicher Beleuchtung, während die tiefe Traufe ein Aufheizen im Sommer verhindert.

Backwater ist ein modernes Ferienhaus mit Panoramablick auf die Broads.

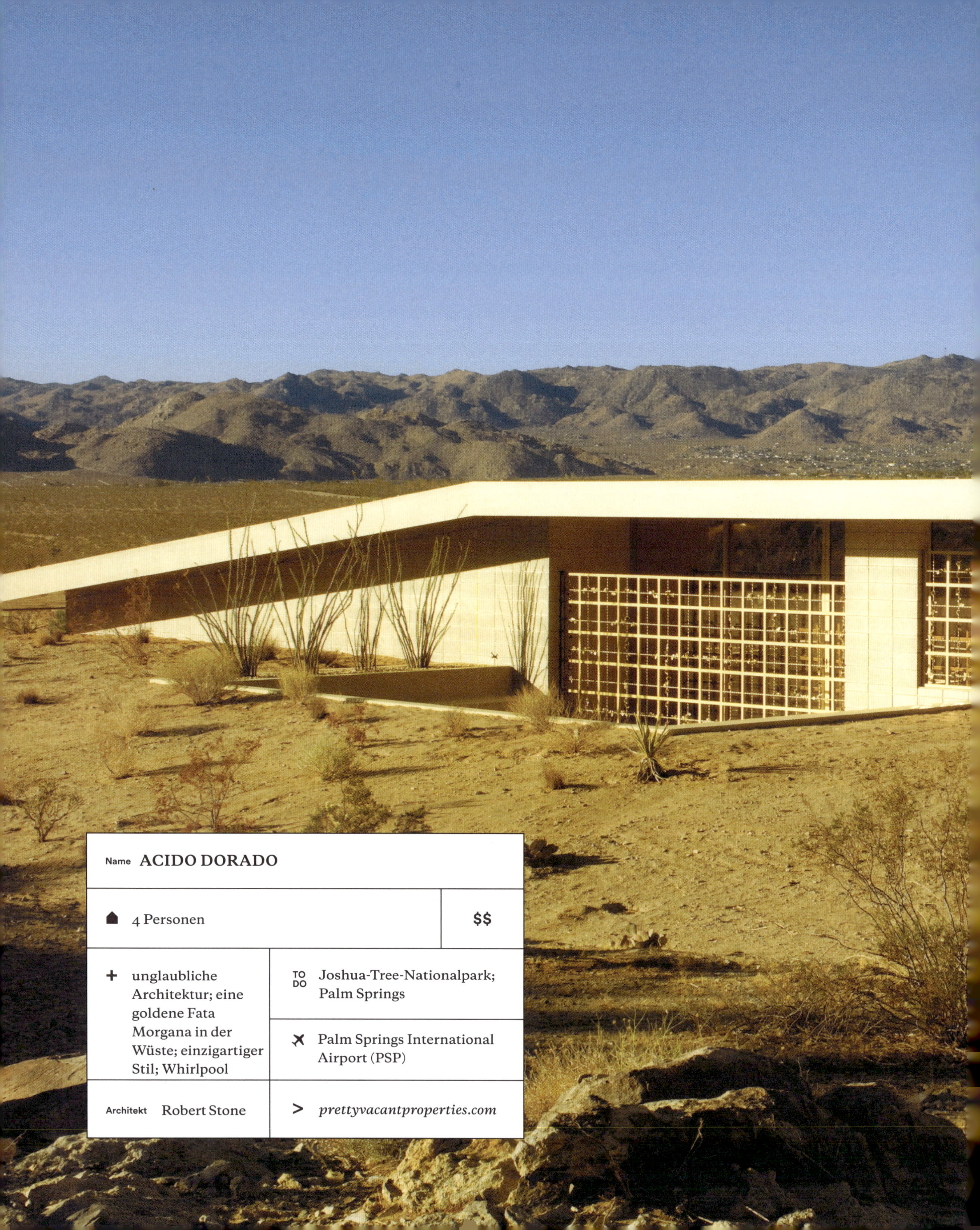

Name **ACIDO DORADO**

4 Personen | $$

+ unglaubliche Architektur; eine goldene Fata Morgana in der Wüste; einzigartiger Stil; Whirlpool

TO DO Joshua-Tree-Nationalpark; Palm Springs

✈ Palm Springs International Airport (PSP)

Architekt Robert Stone

> *prettyvacantproperties.com*

Joshua Tree, Kalifornien, USA

Die goldene Fata Morgana

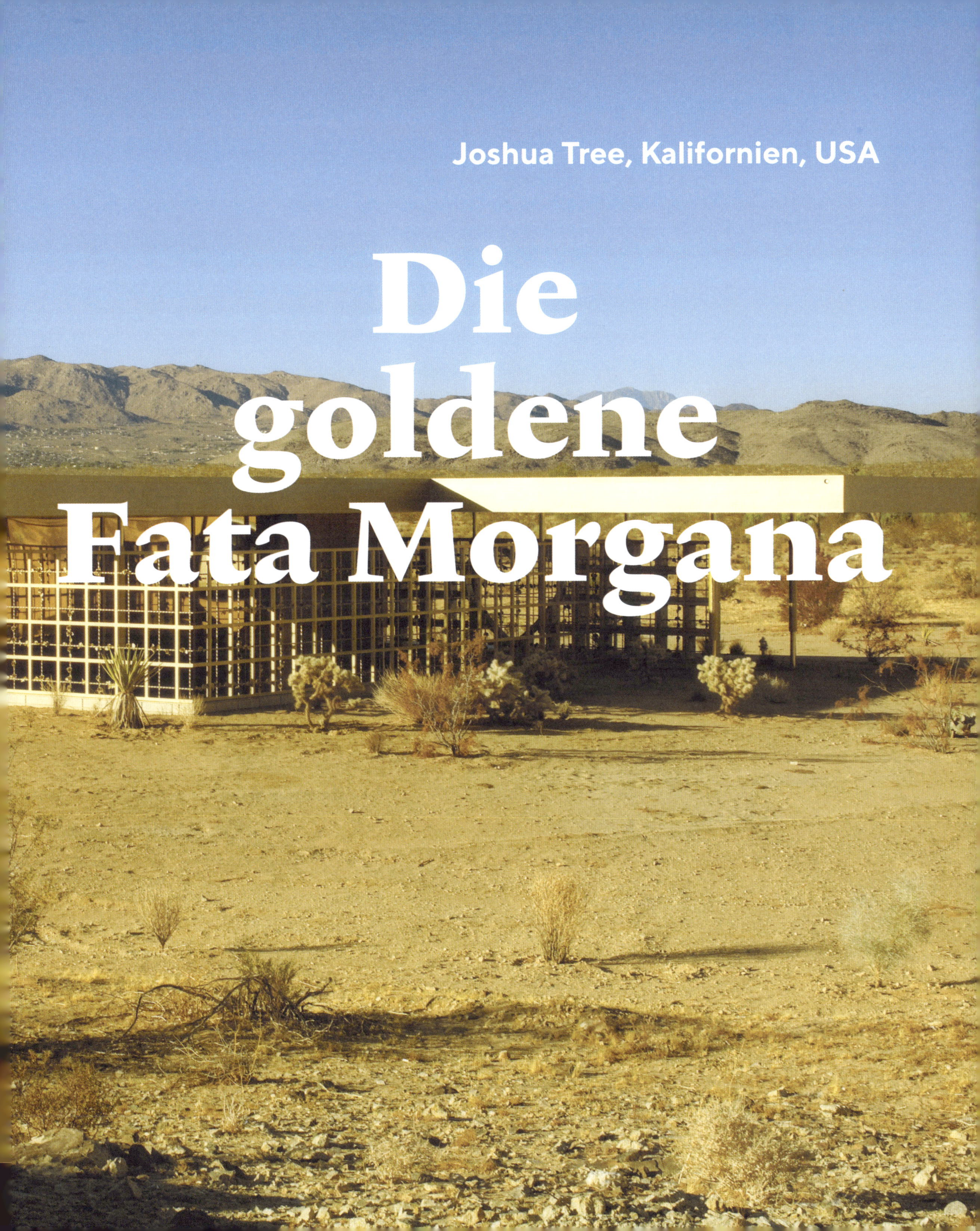

Nur zehn Autominuten von einem der Eingänge zum Joshua-Tree-Nationalpark in Kalifornien entfernt, erhebt sich eine goldene Fata Morgana aus dem beigen Wüstensand. Der Name dieser bemerkenswerten Konstruktion ist Acido Dorado, auch als »Golden Acid« bekannt.

In der Wüste des südlichen Kaliforniens lädt Acido Dorado seine Gäste dazu ein, Architektur und Stil mit einer bemerkenswerten Aussicht zu genießen. Dieser Entwurf des in Los Angeles ansässigen Architekten Robert Stone lässt sich nicht in Schubladen einordnen, und das ist auch genau seine Absicht. »Ich schlage etwas vor, was etwas anspruchsvoller ist als eine neue Ästhetik. Ich sage nicht: Diese Form ist ›cool‹ oder gestapelte Kartons sind ›in‹ und schräge Wände ›out‹. Ich bitte Personen, darüber nachzudenken, wie Architektur funktioniert und was sie sinnvoll macht«, erklärt Stone in einem Artikel über sein Ferienhaus im *Los Angeles Times Magazine*. Es lohnt sich, das einzigartige Design mit Muße auf sich wirken zu lassen. Das lange Profil mit riesigen verspiegelten Überkragungen, goldgespiegelten Decken und Wänden, vergoldeten Gittern, offenen Räumen und stilvoller Inneneinrichtung lässt einen automatisch große Augen machen, und man stellt schnell fest, dass Acido Dorado eines der spektakulärsten Häuser für einen erholsamen Urlaub ist.

»Das Wertvollste, was wir anbieten, etwas, was selbst viele der luxuriösesten Hotels nicht von sich behaupten können, ist authentische Architektur. Jenseits der Moderne stellt dieser Ort einen ehrgeizigen neuen Designansatz dar, der Verbindungen schafft und nicht aus seinem kulturellen Kontext herausfällt. Dieser neue Ansatz tritt bewusst aus dem Schatten von Moderne und Formalismus heraus und ist der Grund für die internationale Anerkennung, die Auszeichnungen und die breite kulturelle Wirkung des Gebäudes. Etwas Magisches passiert, wenn man sich an einem Ort befindet, der keine Nachahmung von etwas anderem ist. Es gibt da ein großes Gespür für Fokussierung, und die Zeit und der Ort gehören einem wirklich.«

Dieses 1400 Quadratmeter große Haus verfügt über zwei Mastersuiten mit Glaswänden und privaten Atrien mit Ocotillo-Sträuchern. Jede Suite besitzt eine große Dusche, die zum Atrium hin offen ist, eine Teakholzbank und einen schwebend montierten Waschtisch. Der Hauptraum ist auf drei Seiten von Glaswänden umgeben, mit einer komplett ausgestatteten Küche und einem großen Esstisch. Die Sitzgruppe verfügt über ein Sofa, Stühle und einen HiFi-Schrank mit iPod-Dock, über den sieben Lautsprecher im ganzen Haus angesteuert werden. Pool und Spa befinden sich praktisch im Wohnzimmer, und die abgesenkte hintere Terrasse verfügt über eine eingebaute Sitzbank, eine Feuerstelle und einen Grill. Verzierte schmiedeeiserne Gatter gleiten zur Seite und öffnen das Wohnzimmer von den vorderen Wüstenebenen bis zur hinteren Terrasse. Das Haus kann vollständig geöffnet werden, um kühlende Brisen zu nutzen, und kann bei Bedarf technisch beheizt oder klimatisiert werden. Ebenso beeindruckend wie das Domizil ist der Joshua-Tree-Nationalpark, in dem sich zwei Ökosysteme – Mojave und Colorado – in einer einzigartigen Landschaft begegnen, die von surrealistisch anmutenden Bäumen und Geologie geprägt ist.

In der Wüste des südlichen Kaliforniens erhebt sich eine goldene Fata Morgana aus dem beigen Wüstensand.

A dos Cunhados,
Torres Vedras, Portugal

Ein Traum zum Wohnen

Name AREIAS DO SEIXO			
2–6 Personen	Architekt Vasco Vieira		$$$
+ Villen mit uriger Inneneinrichtung; Hotelanlagen; ruhige und unberührte Lage	TO DO der weitläufige Strand Praia de Santa Cruz, Óbidos (25 Autominuten), Peniche (30 Autominuten), Lissabon (45 Autominuten)		
> *nice2stay.com* oder *areiasdoseixo.com*			
Aeroporto Humberto Delgado (LIS)			

Entlang der Westküste Portugals, auf einer Klippe über dem Atlantik gelegen, steht das einzigartige Areias do Seixo, das neben einem Hotel auch 16 wunderschöne Ferienvillen umfasst. Die Villen sind in vier Modelle unterteilt, allesamt mit Ausblick auf den Ozean und beeindruckender Architektur.

Areias do Seixo ist außergewöhnlich, in diesem Buch und in der Realität. Im Gegensatz zu den meisten Ferienhäusern besteht das Anwesen nicht aus einer, sondern aus 16 Villen, die, zusammen mit dem zuvor erbauten Hotel, ein traumhaftes Domizil in der Nähe eines verschlafenen Dorfes, nur einen Steinwurf vom Strand entfernt, schaffen. Areias do Seixo ist der wahr gewordene Traum der Besitzer Marta und Gonçalo. Sie hatten das Bedürfnis, einen einzigartigen Ort zu kreieren, an dem sie Gäste aus allen Teilen der Welt in einer magischen und doch heimeligen Umgebung willkommen heißen können. Auf ihrem Weg mussten sie viele Hindernisse überwinden, um diesen Traum in eine physische Realität umzusetzen. Das Ergebnis ist ein bezaubernder Ort, der aus einer Reihe von Ressourcen geschaffen wurde, die sorgfältig und mit Bedacht zusammengestellt wurden, um ein großes Ganzes zu schaffen, das mehr ist als nur die Summe seiner Teile. Beeindruckende Originalität kombiniert mit unaufdringlichem Komfort. Ein Ort, an dem die Zeit stehen bleibt und es zulässt, jeden Moment zu genießen, umgeben von Meer, Dünen, Pinienbäumen und natürlichem Licht.

Das Anwesen liegt auf einer Klippe mit Blick auf den Atlantik, nur wenige Schritte von Santa Cruz entfernt, das einen berühmten Strand und einen beliebten Surfspot besitzt. Gäste können aus einem von vier »Modellen« wählen: ein »Stadthaus« mit 130 Quadratmetern, eine »Grüne Villa« mit 200 Quadratmetern, eine »Blaue Villa« mit 215 Quadratmetern oder die »Grüne Superior Villa«, die luxuriöseste von allen. »Alle Villen verfügen über Außenpool (25–30 m^2) und Grillplatz, ein geräumiges Wohnzimmer mit Kamin, eine voll ausgestattete Küche und drei Schlafzimmer mit eigenem Bad. Sie bieten eine atemberaubende Aussicht auf Meer, Himmel und Dünen. Die Stadthäuser verfügen über einen Pool von 8,35 Quadratmetern.«

Die Ökologie ist ein wichtiger Aspekt von Areias do Seixo, weshalb die Villen nicht klimatisiert sind. »Im Einklang mit unserer Nachhaltigkeitspolitik setzen wir auf ein alternatives Heiz- und Kühlsystem, das Erdwärme nutzt, um die Böden zu erwärmen und zu kühlen. Da es sich um eine passive Klimatisierungslösung handelt, wirkt sie nicht sofort, weshalb wir für die Räume Ventilatoren zur Verfügung haben.«

Areias do Seixo ist ein Vergnügen für alle Sinne. Die Gebäude und Innenräume sind wunderschön gestaltet, der Weg zu den Dünen ist atemberaubend, das Restaurant serviert die köstlichsten Gerichte und es gibt ein wunderbares Spa mit Sauna. Das äußerst freundliche Team bietet den Gästen persönlichen Service. Für die Besucher werden verschiedene Aktivitäten organisiert: Gärtnern im Bio-Gemüsegarten, Yoga- oder Surfunterricht, Wandern in den Dünen, Muscheln sammeln am Strand oder die Gegend mit dem Fahrrad erkunden.

Beeindruckende Originalität kombiniert mit unaufdringlichem Komfort.

Thorington, Suffolk, Großbritannien

Architektur und Design in Balance

Name THE BALANCING BARN				
8 Personen	Architekten MVRDV		$	
+ zeitgenössische niederländische Architektur; inspirierende Innenräume; weitläufige Gärten		TO DO die historischen Städte Walberswick und Aldeburgh; die Suffolk-Küste		
> *living-architecture.co.uk*		Norwich International Airport (NWI)		

Die schönsten Ferienhäuser der Welt haben eines gemeinsam: eine Balance zwischen fantastischem Design und Architektur auf der einen und Landschaft auf der anderen Seite. Die Balancing Barn in der britischen Grafschaft Suffolk nimmt dieses Gleichgewicht wörtlich: Die Konstruktion mit Metallfassadenverkleidung schwebt geradezu über der Landschaft.

Nur wenige Kilometer von der Küste Suffolks entfernt errichtete Living Architecture, das architektonische Juwelen für die lang- und kurzfristige Vermietung entwirft, ein wohl ausbalanciertes Ferienhaus. Es ist eigentlich eine moderne Scheune, daher der Name »Balancing Barn«. Für die Realisierung dieses außergewöhnlichen Entwurfs beauftragte Living Architecture das niederländische Architekturbüro MVRDV, das die Idee eines »Schwebenden Hauses« entwickelte. »Eine Ausgleichsstruktur war ein offensichtlicher (wenn auch nicht einfacher) Weg, um die beiden Ebenen des Standorts zu nutzen. Es versprach ein Gefühl, als hinge man darin über der natürlichen Umgebung, erzielt durch einen Glasboden und eine Glasdecke im Wohnzimmer«, so Living Architecture.

The Balancing Barn liegt am Ende einer privaten, von Bäumen gesäumten Straße und ist von 6 Hektar Gärten und 38 Hektar Land des Suffolk Wildlife Trust umgeben. Das mit eleganten, reflektierenden Stahlfliesen verkleidete Haus ragt dramatisch über die Landschaft hinaus und bietet von seinen riesigen Panoramafenstern aus Blick auf Wälder, Teiche und Wiesen. »MVRDV entschied, dass ein Ausleger mit 15 Metern Länge (die Hälfte des gesamten Hauses) optimal wäre, um die Kosten im Rahmen zu halten und Vibrationen und Durchbiegungen zu minimieren. Wir diskutierten, ob die Stahlrahmenkonstruktion ›offengelegt‹ oder ›versteckt‹ werden sollte. Schließlich beschloss der MVRDV, das Haus äußerlich einfach zu halten (mit kleinen Hinweisen auf die baulichen Besonderheiten, die durch die Fenster sichtbar sind), während sich im Inneren holzverkleidete Flächen um Stahlträger schmiegen und komplexe Winkel und Formen schaffen.«

Mit einer großen, voll ausgestatteten offenen Wohnküche am einen Ende der Scheune, verbunden mit einem ebenso großzügigen Wohnzimmer am anderen Ende, haben die Gäste viel Platz, um alles zu entdecken, was dieses bemerkenswerte Haus zu bieten hat. »Die kreativ gestalteten Innenräume und die Flexibilität des Raumes erlauben es, die großen, hohen Fenster zurückzuschieben, was das Haus zum Garten hin öffnet. Ob man auf der Terrasse oder an der Feuerstelle im Freien isst, durch die Gartenanlagen schlendert oder ein paar Stunden mit dem Lesen eines guten Buches in einer versteckten Nische verbringt – hier findet jeder den richtigen Zeitvertreib. Wer mag, kann beim Schaukeln am Ende des 15 Meter langen Auslegers Kindheitserinnerungen wieder aufleben lassen – zumindest dann, wenn die Kids die Schaukel nicht selbst in Beschlag nehmen.«

The Balancing Barn bietet den Gästen das Gefühl, über der natürlichen Umgebung zu schweben.

Essaouira, Marrakesh-Safi, Marokko

Die moderne Oase

Name VILLA L03

6 Personen | $$

\+ schöner Pool; geräumige und lichtdurchflutete Zimmer; tropischer Garten; ein Haus voller Kunst und Design

\> *boutique-homes.com*, *airbnb.com* oder *booking.com*

Architekt Stefano Boeri

TO DO Essaouira; Marrakesch (2,5 Autostunden); Agadir (3 Autostunden)

Essaouira-Mogador Airport (ESU)

Ganz in der Nähe der bezaubernden marokkanischen Hafenstadt Essaouira erhebt sich Villa L03 wie eine luxuriöse Fata Morgana aus der Landschaft. Dieses wunderschöne, zeitgenössische Architektenhaus ist eine moderne Oase in unmittelbarer Nähe von Stadt und Strand.

In der kargen Landschaft vor den Toren Essaouiras – einer immer beliebter werdenden marokkanischen Hafenstadt – weckt die angesagte Villa L03 die Aufmerksamkeit von architektur- und designbegeisterten Touristen. Die Villa L03, mit ihrer Kombination aus kühlem Weiß und rauen Texturen, ist sehr stilvoll und von einem tropischen Garten umgeben, der das Urlauberherz höher schlagen lässt. Der außergewöhnliche Bungalow wurde in L-Form um einen 20 Meter langen und sechs Meter breiten Swimmingpool mit einer großen Terrasse herum gebaut, sodass im warmen Klima Marokkos für erfrischende Entspannung gesorgt ist.

Die Villa L03 verfügt über drei geräumige und lichtdurchflutete Schlafzimmer mit großen Fenstern, die einen schönen Blick auf die fantastische Umgebung bieten. Alle Räume strahlen Entspannung aus: Zwei Wohnbereiche mit breiten und tiefen Sofas sind durch einen kleinen tropischen Indoor-Garten getrennt, Sonnenliegen laden zum Sonnenbaden auf der Poolterrasse ein, und bei Sonnenuntergang wartet eine gemütliche Gruppe von Groovy-Sesseln des Designers Pierre Paulin auf Cocktailliebhaber. Die voll ausgestattete, gemütliche Kücheninsel lässt den Koch nie allein arbeiten. In den etwas kälteren Monaten können die Gäste den eleganten Kamin genießen. Eine Grillstelle macht das Essen im Freien zu einer täglichen Attraktion.

Das helle Interieur der Villa L03 ist außergewöhnlich stilvoll. Lokale, handgewebte Textilien bringen Farbe ins Haus, während kultige Mid-Century-Möbel eine warme und freundliche Atmosphäre schaffen. Wunderschöne Fotos, die Lust auf Reisen machen, schmücken die Wände. Die beiden dunklen Badezimmer im balinesischen Stil sind ein beeindruckendes Highlight in der Villa.

Obwohl man die wunderschön gestaltete Villa L03 eigentlich gar nicht verlassen möchte, ist ein Besuch von Essaouira, der Hippie-Stadt Marokkos, ein absolutes Muss. Die Altstadt von Essaouira, die zum UNESCO-Weltkulturerbe gehört, ist klein und zu Fuß gut zu erkunden. Im Gegensatz zum Labyrinth der Gassen in den Altstädten von Marrakesch und Fes ist es hier schwierig, sich zu verlaufen. Essaouira ist auch eine sehr entspannte Stadt mit einem ausgeprägten Surfer-Flair. Dank der kräftigen, ganzjährigen Meeresbrise hat sich Essaouira zu einem beliebten Surfspot entwickelt. Die Stadt ist auch bei marokkanischen Touristen sehr beliebt, weil sie ein authentischeres Gefühl vermittelt als andere Badeorte. Mit anderen Worten, Essaouira ist die entspannende Alternative zum quirligen Marrakesch.

Die Villa Lo3, mit ihrer Kombination aus kühlem Weiß und rauen Texturen, ist äußerst stilvoll.

Bernried, Niederbayern, Deutschland

Wohnen auf Rädern

Name HYT		
2-5 Personen		$
+ mobile Hütte; romantische Atmosphäre; klein, aber gemütlich; im Herzen der Natur	TO DO Hirschpark Wild-Berghof; Naturpark Bayerischer Wald; München	
> *wildberghof-buchet.de*	Architekten hausfreunde - Architekten GbR	
Flughafen München »Franz Josef Strauß« (MUC)		

Auf dem atemberaubenden Grundstück des Restaurators Thomas Gstettenbauer errichteten die kreativen Köpfe des Architekturbüros hausfreunde-Architekten GbR eine mobile Hütte. Wer in dieser Unterkunft übernachtet, kann fünf verschiedene Standorte im Herzen der Natur wählen – von einer riesigen grünen Wiese bis hin zu einem Wildpark.

HYT – wie dieses interessante Projekt heißt – ist ein mobiles Ferienhaus auf dem Gelände eines Wildparks im Bayerischen Wald. Es ist ein »Tiny House«, das bis zu fünf Personen aufnehmen kann. HYT ruht auf einem Anhänger und kann daher auf Wunsch der Gäste versetzt werden: von einem Platz beim Wild-Berghof Buchet (dem ursprünglichen Gästehaus mit Restaurant), zu einem Standort am Waldrand oder auf einer Wiese. Die bahnbrechende Idee kam Restaurator Thomas Gstettenbauer, der das Architekturbüro mit der Durchführung des Projekts beauftragte. Ihr Ziel war es, HYT mehr zu einer Hütte als zu einem Wohnwagen zu machen. In graue Holzverkleidung gehüllt, gleicht HYT von außen einer kleinen Scheune. Das Innere der Hütte ist weiß, was, zusammen mit den vielen Fenstern, den Raum öffnet, um eine entspannte, rückzugsähnliche Atmosphäre zu schaffen.

HYT ist ein absolutes Muss für Familien, die Ruhe und Natur pur suchen.

»Die HYT kann derzeit mit einem Traktor an fünf verschiedene Orte auf dem Gelände gezogen werden – je nachdem, wo unsere Gäste die Ruhe der unberührten Natur genießen möchten«, erklärt der Eigentümer. »Von außen sieht das mobile Ferienhaus aus wie ein verwitterter Schuppen, aber im Inneren ist es modern ausgestattet. Es gibt zwei Stockbetten – die sich leicht in fünf Schlafplätze verwandeln lassen –, eine Toilette, einen Kühlschrank, einen Esstisch und einen Holzofen für romantische Gemütlichkeit. Wer möchte, kann selbst Holz hacken, um die Outdoor-Dusche zu beheizen. Nach einer erholsamen Nacht erwachen Sie inmitten von Hirschen und Wildtieren, die in diesem Naturschutzgebiet leben.«

Die HYT ist nicht nur der perfekte Ort für Liebhaber unberührter Flora und Fauna, auch Gastronomie-Fans kommen hier auf ihre Kosten. Auf dem Gelände gibt es einen Bauernmarkt, auf dem verschiedene kulinarische Schmankerl angeboten werden. Im Wild-Berghof Buchet, dem preisgekrönten Gasthaus von Thomas Gstettenbauer, das sich auf feine regionale Küche und Wildgerichte spezialisiert hat, kann man weitere traditionelle Köstlichkeiten genießen.

Die HYT ist ein absoluter Geheimtipp für Familien, die Ruhe und Natur pur suchen. Schöne Wald- und Wiesenwege führen den Besucher durch ein weitläufiges Naturschutzgebiet, in dem 200 Wildtiere leben, darunter Dam- und Sikahirsche bis hin zu Mufflons. Bei idyllischen Spaziergängen gewinnt man Einblicke in das Verhalten dieser Tiere. Geführte Touren und Kräuterwanderungen sind auf Anfrage außerdem möglich.

Larvik, Vestfold, Norwegen

Eine Hommage an das »hytteliv«

Name	VINDLYVEIEN
6-8 Personen	$
+	skandinavische Ästhetik; nostalgische Möbel; geräumige und private Gärten, die von Wäldern gesäumt sind
>	*vindlyveien.com* oder *boutique-homes.com*
Architekt	Ulrik Hellum
TO DO	mehrere schöne Lagunen und Strände in der Umgebung; Larvik; Oslo (2 Autostunden); Færder Nationalpark
✈	Torp Sandefjord Airport (TRF)

An der Südostküste Norwegens, in der berühmten Stadt Larvik, steht ein Holzhaus, das 1967 von dem renommierten lokalen Architekten Ulrik Hellum erbaut wurde. Im Jahr 2008 wurde dieses Haus zum Landhaus von Line Numme, einer Redakteurin für Wohndesign, die es in ein Ferienhaus umwandelte.

Der Name »Vindlyveien« bezieht sich auf die Adresse der Ferienwohnung in Larvik, der Heimatstadt des weltberühmten Entdeckers Thor Heyerdahl. Vindlyveien bedeutet übersetzt »Lee-Seite des Windes«, oder mit anderen Worten »geschützt vor dem Wind«, und tatsächlich genießt das Anwesen den den ganzen Tag über Sonnenlicht im Windschatten. Das Haus wurde von Ulrik Hellum (1931–2016) gebaut, der in Larvik und Umgebung mehrere Häuser und »hytter« (Hütten) errichtet hat. »Seine Hauptaufgabe war es, eine Architektur zu schaffen, die sich perfekt an Natur und Umwelt anpasst«, sagt Numme. »Das Haus liegt am Ende einer Straße auf einem Hügel in einem ruhigen Wohngebiet. Hier mündet der berühmte Lachsfluss Lågen in die Nordsee. Der lokale Strand heißt Hvittensand und ist aufgrund der besonderen Wind- und Gezeitenbedingungen einer der besten Kitespots Norwegens. Es gibt mehrere Lagunen und Strände, die zu Fuß erreichbar sind, der nächste ist Sandvika, nur drei Gehminuten durch den Wald entfernt.«

Das Haus ist 178 Quadratmeter groß. Es gibt drei Schlafzimmer mit Doppelbetten, darunter ein Durchgangsraum mit einer Schlafcouch. Das größte Schlafzimmer verfügt auch über eine Schlafcouch und das große Wohnzimmer über Schlafsofas für bis zu vier Personen. So kann das Haus bei Bedarf insgesamt 13 Personen aufnehmen. Das erste Wohnzimmer hat einen Essbereich, eine offene Küche und einen Loungebereich; das zweite zwei Aufenthaltsbereiche, eine Bibliothek mit Schreibtisch und einen Holzofen für ein gemütliches Feuer im Winter. Die Küche ist voll ausgestattet und verfügt über eine separate Waschküche. »Der Außenbereich des Anwesens umfasst eine große Terrasse, eine Wiese und typische abgerundete nördliche Felsen – das Haus ist leicht erhöht auf einem Hügel gebaut, sodass man einen schönen Blick auf die umliegenden Bäume hat. Von einem oder zwei Plätzen aus genießt man sogar Blick aufs Meer. Die Inneneinrichtung ist eine Mischung aus Mid-Century- und skandinavischem Stil: weiß getünchte Innenräume, die von bunten Akzenten und Vintage-Möbeln unterbrochen werden.«

Das Haus befindet sich in der Provinz Vestfold auf einem Vorgebirge namens Rekkevik. Viele Gräber und Sehenswürdigkeiten zeugen von den Spuren der alten Wikinger. Es ist der perfekte Ort, um sich in der Natur zu entspannen, nur wenige Gehminuten vom Meer und verschiedenen Wanderwegen entfernt, darunter der »Kyststi« – ein spektakulärer Pfad entlang der Küste. Lebensmittelgeschäfte, Restaurants und öffentliche Verkehrsmittel liegen auch nur ein paar Minuten entfernt. Wer seinen Urlaub in diesem Haus verbringt, taucht ein in den Alltag der Norweger und in die Welt um sie herum – eine Variante der Ruhe und Gemütlichkeit des nördlichen »hytteliv« (Hüttenleben), aber in größerem Maßstab und mit etwas mehr Komfort.

Hauptziel war es, eine Architektur zu schaffen, die sich perfekt an Natur und Umgebung anpasst.

San Juan del Sur, Rivas, Nicaragua

Retreat im Dschungel

Name	BALCONES DE MAJAGUAL
4-8 Personen	$
TO DO: Playa Maderas; Playa Playones; Playa Majagual; San Juan del Sur (20 Autominuten entfernt), Nicaraguasee (35 Autominuten entfernt)	+ 14 einzigartige Häuser im Dschungel; Meerblick; exotisch und abenteuerlich
> *casasdebalcones.com*	Architekt Matthew Falkiner
Augusto C. Sandino International Airport (MGA)	

Casa Arbol, Casa Pacifica, Casa Luna ... das sind nur einige der 14 tropischen, stilvollen und umweltfreundlichen Ferienhäuser, die gemeinsam die Balcones de Majagual bilden. Versteckt im nicaraguanischen Dschungel beherbergen sie Gäste, die Ruhe, Naturschönheit und authentische Erlebnisse suchen.

Hatten Sie jemals das Gefühl, einmal allem entfliehen zu wollen? An einen Ort zu gehen, an dem die Zeit stillsteht und die Natur unberührt ist, voller Leben und Schönheit? Die exklusive Boutique-Hotel-Anlage Balcones de Majagual ermöglicht genau das. Sie liegt in der üppigen pazifischen Küstenregion Nicaraguas, eingebettet zwischen Bäumen auf sanften Hügeln mit Blick auf den Pazifik. Die 14 aus recyceltem Hartholz und natürlichen Elementen gebauten Luxusvillen fügen sich nahtlos in den Dschungel ein und bieten Privatsphäre, Ruhe und Blick aufs Meer von der eigenen Baumwipfelterrasse aus.

Jedes der einzigartigen Häuser ist mit lokal hergestellten Möbeln und stilvollem Dekor ausgestattet, die die Umgebung widerspiegeln. Schiebewände verwischen die Grenzen zwischen innen und außen. Infinity-Pools scheinen zwischen Baumkronen voller Wildtiere zu schweben. Drei Sandstrände mit einigen der besten Surfspots Mittelamerikas liegen vor der Haustür der Anlage, der Zugang wird durch eine private Strandauffahrt erleichtert. Mit über 100 Hektar privatem Reservat bieten die Balcones de Majagual die seltene Gelegenheit, ein offenes Wohnkonzept in üppiger tropischer Umgebung zu genießen. Zwölf Kilometer von der Küstenstadt San Juan del Sur entfernt, ist dies ein Ort für alle, die nach einem authentischen nicaraguanischen Erlebnis suchen, das abseits der ausgetretenen Pfade liegt und außergewöhnlich ist.

»Was die Balcones de Majagual so einzigartig macht, ist ihre Umgebung. Die Casas befinden sich hoch oben auf einem Bergrücken, der sich über etwa 100 Hektar vom Dschungel bis hin zum Meer erstreckt. Sie profitieren von einer unglaublichen Aussicht auf den Pazifischen Ozean und über das Blätterdach des Dschungels hinweg. Zwischen den Casas gibt es genügend Platz, um Privatsphäre zu genießen, ohne sich allein oder isoliert zu fühlen. Sternklare Nachthimmel ermöglichen es einem, bei Mondschein unter einem prächtigen Firmament im Pool zu schwimmen. Wir arbeiten außerdem umweltbewusst. Wir versprühen keine gefährlichen Pestizide, wie viele lokale Hotels es tun, um Insekten zu bekämpfen, was bedeutet, dass wir die Nahrungskette nicht von unten nach oben vergiften. All unsere Handlungen haben weitreichende Folgen, und wir wollen, dass Affen, Faultiere und Papageien in unserem Gebiet gedeihen. Unser Wasser wird mit Solarenergie erwärmt, und alle unsere Möbel und Hölzer im Haus wurden aus umgefallenen Laubbäumen gefertigt, die aus ethischen Gründen aus dem Nordosten Nicaraguas stammen.«

Acht der 14 Villen, wie Casa Arbol (ein zweistöckiges Baumhaus!), Casa Selva und Casa de Mono, haben zwei Schlafzimmer und einen gemeinsamen oder privaten Pool. Darüber hinaus gibt es drei Villen mit drei Schlafzimmern und drei Villen mit vier Schlafzimmern, jede mit einem gemeinsamen oder privaten Pool.

Die Casas profitieren von einer unglaublichen Aussicht auf den Pazifik über das Blätterdach des Dschungels hinweg.

Faro, Algarve, Portugal

Das weiße Haus in den Bergen

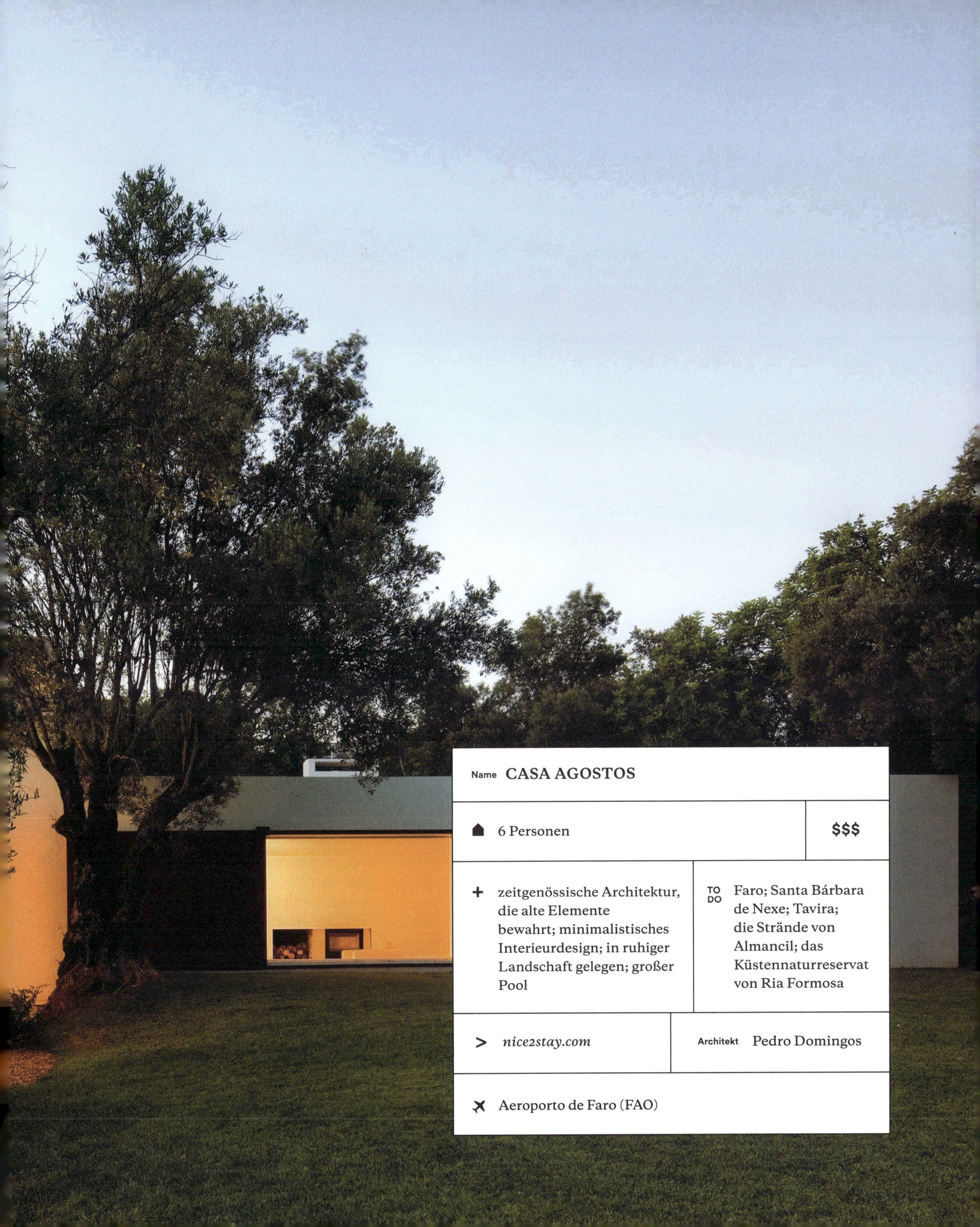

Name	CASA AGOSTOS
6 Personen	$$$
+ zeitgenössische Architektur, die alte Elemente bewahrt; minimalistisches Interieurdesign; in ruhiger Landschaft gelegen; großer Pool	TO DO Faro; Santa Bárbara de Nexe; Tavira; die Strände von Almancil; das Küstennaturreservat von Ria Formosa
> *nice2stay.com*	Architekt Pedro Domingos
Aeroporto de Faro (FAO)	

In außerordentlich ruhiger Lage an der Algarve, nördlich von Faro, umgeben von Mandel- und Olivenhainen, befindet sich das Design-Ferienhaus Casa Agostos. Die einzigartige Architektur und das Interieur wurden von dem international renommierten Architekten Pedro Domingos entworfen, der für sein Werk von verschiedenen Architektur- und Designzeitschriften ausgezeichnet wurde.

Die Casa Agostos ist das perfekte Beispiel für die gelungene Transformation eines alten, verfallenen, traditionellen Hauses in eine zeitgenössische Villa, die Gäste anzieht, die sich für Architektur und Natur interessieren. Die leuchtend weiße Casa Agostos liegt in den Hügeln oberhalb von Faro und kombiniert eine alte Gebäudestruktur mit drei Schlafzimmern und zwei Badezimmern mit einem neuen Flügel, der einen großen Wohnbereich und eine große Küche beherbergt. Betonböden, klare Linien und ein frischer Ansatz minimalistischen Designs heben sich von der erdigen, ländlichen Umgebung ab. Der geräumige, helle Innenraum mit raffiniertem Design macht das Ferienhaus äußerst einladend. Die riesigen Fenster bieten ungestörten Blick auf die umliegenden Hügel. Die drei großen Schlafzimmer, zwei Bäder und Wohnräume fügen sich nahtlos aneinander und bieten Platz für sechs Personen.

Die moderne Architektur mit riesigen Fenstern, zahlreichen Terrassen und einem stilvollen, 15 Meter langen, aus Beton gefertigten Pool, die sich harmonisch in die Umgebung einfügt, machen das Anwesen zu einem Design-Traumhaus. Es handelt sich um eine eingeschossige Villa mit einer fantastischen Dachterrasse, die über eine Außentreppe zugänglich ist und von der aus man eine atemberaubende Aussicht genießen kann. Auch Sonnenanbeter und Sterngucker finden hier alles, was das Herz begehrt.

In der Casa Agostos kann man ländlichen Charme und Ruhe genießen und ist gleichzeitig umgeben von verschiedenen ausgezeichneten Restaurants und schönen Dörfern. Binnen weniger Minuten ist man im malerischen Santa Bárbara de Nexe. Etwas weiter entfernt liegen Faro und die schönen Strände Südportugals. Die Küste mit ihren einzigartigen Klippen und Höhlen lädt zum Schwimmen, Schnorcheln und Spazierengehen ein. Farbenfrohe Küstenstädte wie Olhão und Fuseta laden zur Erkundung ein, oder man wandert durch den Naturpark Ria Formosa, der ein 60 Kilometer langes Labyrinth aus Kanälen, Inseln und Sandbänken beherbergt. Mit durchschnittlich 300 Sonnentagen pro Jahr ist die Algarve das ganze Jahr über ein attraktives Ziel. Ein einzigartiges Merkmal der Gegend sind die »Ilhas«: schöne Inseln mit ausgedehnten Sandstränden wie die Ilha da Culatra und die Ilha da Armona, die das ganze Jahr über mit der Fähre von Olhão aus erreichbar sind. Die halbstündige Bootsfahrt entführt einen direkt in die Ruhe, Natur und Schönheit der Algarve.

Die moderne Architektur aus Beton kontrastiert wunderbar mit der Natur der Umgebung.

Name **CASA M101**

6 Personen | > *nice2stay.com* | $$

+ weiche Linien und auffällige Silhouetten; schöner Pool; hipper Innenraum

TO DO die Apulien-Region; Ostuni; Costa Merlata; Torre Guaceto Nature Reserve

Architekten Corsaro Architetti

Brindisi Airport (BDS)

Ostuni, Apulien, Italien

Das schwebende Haus

Italien

MASSERIA MOROSETA
Apulien, Ostuni
welcomebeyond.com

SAN PELLEGRINO
Umbrien, Gualdo Tadino
urlaubsarchitektur.de

Marokko

ATLAS VILLA
Greater Marrakesch
welcomebeyond.com

Spanien

ORIENT HOUSE
Mallorca
boutiquehomes.com

USA

DEE DOW RANCH
Kalifornien, Ojai
homeaway.com

STONEFLOWER
Arkansas, Heber Springs
stoneflower.info

THE ROBERT TRICKEY HOUSE
Hawaii, Pahoa
roadtrippers.com

THE WHALE HOUSE
Kalifornien, Stinson Beach
vrbo.com

UNIQUE YURT
Kalifornien, Santa Barbara
glampinghub.com

This book is
MARKED

MARKED is an initiative
by Lannoo Publishers.
www.marked-books.com

Bildnachweis:

Off-grid itHouse, S. 6-7, 9-15 Art Gray; Kugel/Gips House, S. 16-17, 19-21 Raimund Koch; Casa Tiny, S. 23, 25-27 © Edmund Sumner/VIEW; Floating Farmhouse, S. 28-29, 31-33 Marlene Rounds und Mark Mahaney; La Melagrana, S. 36-37, 39-41 Helene Binet und Fabio Mantovani; Casa Comunal, S. 42-43 Olivier Frei; S. 45-47 Maria Mangold; Les Échasses, S. 50, 53-55 Vincent Monthiers; Light House, S. 56-57, 59-61 Tina Stephansen, Studio55, www.studio55.dk; Malatesta Maison, S. 62-63, 65-69 welcomebeyond.com/Martin Kaufmann; Villa Slow, S. 70-71, 73-75 David Montero; Jungla Moderna, S. 76-77, 79-81 Gebäude und Zeichnungen: Stanley Saitowitz/Natoma Architects Inc., Fotos: Stanley Saitowitz; Mökki Santara, S. 82-83, 85-87 Carla Gertz; Nebesa, S. 90-91, 93 Nebesa Archive; Topanga Sanctuary, S. 94-95, 97-103 Jim Garner Photo; Mountain Lodge Tamersc, S. 104-105, 107-109 Mads Mogensen (Winteraufnahmen); Michael Pezzei (Sommeraufnahmen); The Bear Stand, S. 112, 115-119 Nic Lehoux; Backwater, S. 120-121, 123-125 Alan Williams Photography; Acido Dorado, S. 128-129, 131-135 Brad Lansill; The Balancing Barn, S. 144, 147-151 Jack Hobhouse und Chris Wright, www. living-architecture.co.uk, The Balancing Barn designt von MVRDV mit Mole Architects (Suffolk); Villa L03, S. 154-155, 157-161 Maxime Gautier; HYT, S. 162-163, 165 Wild-Berghof Buchet; Vindlyveien, S. 166-167, 169-171 Rita Palanikumar; Balcones de Majagual, S. 174-175, 177-179 © Balcones de Majagual, www.casasdebalcones.com; © Joel Andrew Johnson Photography, www.joelandrewjohnson.com; Casa Agostos, S. 180-181, 183-187 Fernando Guerra; Casa M101, S. 188-189, 191-193 Govinda Gari; Coqui Coqui Cobá, S. 196, 199-201 Melissa Dali, Maureen Me und Cerruti Draime; Fordypningsrommet, S. 202-203, 205-207 Pasi Aalto, Martin Losvik und Kathrine Sørgård; Casa Gonza, S. 208-209, 211-213 Marco Badalian; A Casa de Estremoz, S. 214-215, 217-219 welcomebeyond.com/João Wengorovius; Harrison House/Case Study House Nr. 26, S. 222-223, 225-229 Kathy Elliott, Rob Jordan und Steph Dewey/Reflex Imaging; Vintage House Daylesford, S. 230-231, 233-237 Sharyn Cairns; Casa Olivi, S. 238-239, 241-245 welcomebeyond.com/Wilson Santinelli; Panoramic views, S. 34-35 Shutterstock/Mervas; S. 48-49 Shutterstock/Damsea; S. 88-89 Shutterstock/Juhku; S. 110-111 Shutterstock/Genlock; S. 126-127 Shutterstock/Helen Hotson; S. 136-137 Shutterstock/JeniFoto; S. 152-153 Gill Moon Photography; S. 172-173 Shutterstock/Genlock; S. 194-195 Shutterstock/Kite_rin; S. 220-221 Shutterstock/Carpeira

Autor: Sebastiaan Bedaux
Übersetzung ins Englische: Bracha De Man
Redaktion: Nathalie De Man
Design: Joke Gossé
Umschlagbild: Casa Gonza, Marco Badalian

Verantwortlich: Susanne Caesar
Übersetzung ins Deutsche, Satz, Lektorat & Korrektorat: VerlagsService Dietmar Schmitz GmbH
Umschlaggestaltung: Christa Thieser
Gesamtherstellung: GeraNova Bruckmann Verlagshaus GmbH

Printed in Italy

Die Deutsche Nationalbibliothek verzeichnet diese Publikation in der Deutschen Nationalbibliografie; detaillierte bibliografische Daten sind im Internet über http://dnb.d-nb.de abrufbar.

Die Originalausgabe mit dem Titel *The Perfect Holiday Homes – Nature View* wurde erstmals 2018 bei Lannoo Publishers veröffentlicht.

ISBN 978-3-95961-344-6

★★★★★

Sind Sie mit diesem Titel zufrieden? Dann würden wir uns über Ihre Weiterempfehlung freuen. Erzählen Sie es im Freundeskreis, berichten Sie Ihrem Buchhändler, oder bewerten Sie bei Onlinekauf. Und wenn Sie Kritik, Korrekturen, Aktualisierungen haben, freuen wir uns über Ihre Nachricht an: Christian Verlag, D-80702, München oder per E-Mail an lektorat@verlagshaus.de.

Unser komplettes Programm finden Sie unter:

www.christian-verlag.de